Yves Thréard
présente

Une certaine idée de la France

éditions du
ROCHER

Éditions du Rocher
28, rue Comte Félix Gastaldi – BP 521 – 98015 Monaco

www.editionsdurocher.fr

ISBN : 978-2-268-10714-1
EAN epub : 9782268107271

« Immobile et pensive, la France lit son destin dans son quotidien du jour et se demande comment cela va se passer. »

Julien Green
Pourquoi suis-je moi ?
Journal 1993-1996

Introduction

Ce livre n'est que la retranscription, stricte et fidèle, de douze entretiens télévisés de vingt-six minutes chacun, réalisés pour *La Chaîne parlementaire* (*LCP*) tout au long de l'année 2021. Il ne prétend à aucune ambition littéraire ou historique. Son style est celui du langage parlé, d'une conversation rythmée par le jeu des questions et des réponses. Son contenu reflète la libre inspiration de ceux qui s'expriment, forts de leurs propres références culturelles et de leur réflexion, de leur mémoire et de leurs souvenirs personnels. Seul le thème est imposé : avez-vous une certaine idée de la France ?

« Toute ma vie, je me suis fait une certaine idée de la France. » Cette formule ouvre le premier tome des *Mémoires de guerre* du général de Gaulle. Elle est aussi magique que magnifique, à la hauteur du destin exceptionnel de cet homme qui fut aussi un très grand écrivain. De nombreux livres appartenant à la plus haute littérature s'ouvrent sur un incipit passé à la postérité. De Proust (« Longtemps, je me suis couché de bonne heure ») à Camus (« Aujourd'hui, maman est morte. Ou peut-être hier, je ne sais plus »), en passant par Céline (« Ça a débuté comme ça ») et Aragon

(« La première fois qu'Aurélien vit Bérénice, il la trouva franchement laide »). La plume de De Gaulle empruntait la même encre du talent.

« Toute ma vie, je me suis fait une certaine idée de la France. » Cette phrase m'a toujours taraudé. Son auteur décrit la relation quasi charnelle qu'il entretient avec la France, qu'il imagine telle une « madone » ou une « princesse des contes ». Il s'en explique, longuement, à la télévision. C'est le 13 décembre 1965, à l'occasion de la première élection au suffrage universel direct du chef de l'État. Le père de la Ve République, mis en ballotage contre tout attente à l'issue du premier tour par François Mitterrand, décide de donner une interview à Michel Droit, alors directeur du *Figaro littéraire*. À 75 ans, c'est la première de sa vie, face à un journaliste qu'il a croisé naguère dans le quartier de l'Étoile, le 26 août 1944, lors de la libération de Paris. Il avait gardé un bon souvenir de cette rencontre. Sans doute l'entretien, diffusé en différé par un audiovisuel exclusivement public à l'époque, et donc étroitement contrôlé, avait-il été préparé.

Il commence par un commentaire de Michel Droit. Les Français, selon ce dernier, ont le sentiment que de Gaulle les traite de haut et que leur Président a plus de considération pour son pays que pour ceux qui le peuplent. Michel Droit lui demande donc de redonner sa définition d'une « certaine idée de la France ».

De fort mauvaise humeur avant l'interview, le Général apparaît à l'écran plus détendu et répond ceci : « Je me fais en effet de la France une certaine idée. Je veux dire par là qu'à mon sens, elle est quelque chose de très grand, de très particulier. C'est, du reste, je le pense, ressenti par le monde entier [...] C'est vrai, la France est une chose, à mes yeux, très considérable, très valable. Et elle doit avoir dans le monde quel qu'il soit, à toute époque, naturellement d'après les circonstances, elle doit avoir un rôle à elle. Il faut que la France joue son rôle. C'est exact. Et, pour qu'elle joue son rôle, il faut qu'elle soit la France. Les Français ? Les Français, c'est eux qui font la France. C'est eux qui en sont responsables [...] La France est plus que les Français du moment. La France vient de loin. »

Quand on écoute le général de Gaulle parler de la France, on a l'impression qu'il est devant un chef-d'œuvre. Ce pays plein de panache, généreux et vaillant, singulier et rayonnant, coloré et battant, il affirme qu'il a, évidemment, une longue histoire. Il admet que ce sont les Français qui le façonnent. Il souligne enfin son poids sur la scène internationale. De Gaulle est en campagne électorale. Il n'avait pas prévu que son élection donne lieu à un second tour. Son propos est donc flatteur pour les Français. Il a besoin de leurs voix, et leur donne le beau rôle. Cela n'a pas toujours été le cas, semble-t-il. Dans *La Tragédie du Général*, Jean-Raymond Tournoux donne un autre regard du Président sur son peuple. Il lui prête ces mots : « La France est un pays de veaux... On ne fait rien avec un peuple couché. Les Français sont couchés et, voyez-vous, plus ils seront couchés, plus ils seront heureux. »

En fait, de Gaulle souhaite un pays à son image : gonflé d'ambition et de prétention, animé par une volonté de puissance et de grandeur. Quand il en parle, il parle donc plutôt de lui-même, de son « œuvre ». C'est d'ailleurs ce qu'il confie à Pierre Sudreau, son ministre de l'Éducation nationale, dans les années 1960. La conversation est rapportée par

Franz-Olivier Giesbert dans *Le Sursaut* : « Ce pays, à quoi ressemble-t-il ? Sans moi, ce pays ne serait rien du tout. Sans moi, tout cela s'écroulerait. Depuis des années, je porte la France sur mes épaules. » En évoquant sa succession, il ajoute : « Allons, Sudreau, personne n'aura jamais le culot de faire ce que je fais. » Dans son *Journal*, Jacques Foccart, l'un de ses plus proches collaborateurs à l'Élysée, lui fait dégainer cette flèche : « Je fais semblant de croire, je fais croire, je crois que j'y arrive, que la France est un grand pays, que la France est décidée, rassemblée, alors qu'il n'en est rien. La France est avachie. La France est faite pour Pinay, pour Mitterrand, elle est faite pour se coucher, elle n'est pas faite pour se battre [...] Après moi, ne vous faites pas d'illusions, tout cela retombera et tout cela s'en ira. »

Donc, la France, c'est lui, pour paraphraser le propos apocryphe de Louis XIV : « L'État, c'est moi. » Et ce n'est pas complètement faux. Le fameux modèle social français, certes coûteux à entretenir mais très protecteur, on le lui doit. Il est le fruit du Conseil national de la Résistance, l'organisme qu'il a créé pour préparer l'après-guerre et où étaient représentées toutes les sensibilités politiques de l'époque. Même abîmé et usé par le temps, ce modèle est toujours en place, près de quatre-vingts ans plus tard. Il fait la fierté des Français, qui y sont très attachés.

Le mythe « de Gaulle » s'est construit sur les faits d'armes du militaire, l'autorité naturelle que dégageait l'homme du haut de son 1,96 mètre, sur la création de nouveaux droits, comme le droit de vote et d'éligibilité accordé aux femmes (trop souvent oublié) et sur le legs social du responsable politique. Ce qui rend l'intéressé inclassable, au-dessus de la mêlée des partis qu'il détestait tant, ni de droite ni de gauche. Et qui explique ou justifie aujourd'hui la nostalgie de son « règne » et l'admiration qui lui est portée. Le libérateur devenu protecteur est aussi le père de l'indépendance du pays, qui aurait pu passer sous la coupe des États-Unis après 1945. Indépendance de notre force de frappe avec l'arme atomique (la France réalise ses premiers essais dans les années 1960) ; indépendance énergétique avec le développement d'un parc de centrales nucléaires d'une capacité inégalée en Europe.

Rares sont les acteurs de l'histoire de France qui ont exercé pareil ascendant sur les générations suivantes. Charles de Gaulle, cinquante-deux ans après sa mort, est encore dans toutes les têtes, dans tous les cœurs, sur toutes les lèvres. Ou presque. Qu'on le veuille ou non, ce « rebelle habité par l'histoire », pour reprendre la jolie formule de l'historien Michel Winock, a façonné notre identité. Comme personne après lui, il transcende son époque. Aux côtés de Clovis, Philippe Auguste, Louis XIV et Napoléon, il est en haut de l'affiche du récit national, de l'histoire de France.

L'histoire est une passion française. Pierre Nora, connu pour ses travaux sur le « sentiment national » et sa composante mémorielle, dresse cet état des lieux de la scène internationale dans un entretien accordé à *La Revue des deux mondes*, en novembre 2017 : « On pourrait distinguer deux types de nations. Celles qui s'appuient sur le souvenir de leur départ historique, comme les États-Unis, Israël et l'Australie, et qui vivent sur la promesse de leurs fondateurs, même si elle n'a pas toujours été tenue. Et les pays comme la France, dont la mémoire est immémoriale et qui n'arrêtent pas de se recommencer. D'ailleurs, la France est le seul pays à avoir deux mythes d'origine : celui des Francs et celui des Gaulois ! Chaque régime a dû se recréer une forme d'histoire, une forme d'identité. Il y a une histoire royale [...] Il y a eu le *Discours sur l'histoire universelle* de Bossuet avec la monarchie absolue, puis une histoire de type révolutionnaire, déchirée entre Girondins et Montagnards durant tout le XIXe siècle. »

Cette déchirure est toujours à vif. Et le restera... La France n'est pas « une et indivisible ». Elle est une légende mille fois recomposée, malaxée, inventée par ceux qui l'écrivent ou en sont les acteurs, en fonction de leurs intérêts et de leur éducation. Si elle s'est faite à coups d'épée, elle est aussi saturée d'intentions idéologiques venues de toutes parts. Dans *L'Identité de la France*, Fernand Braudel résume à merveille notre pays : « Toute nation est divisée, vit de l'être, écrit-il. Mais la France illustre trop bien la règle : protestants contre catholiques, jansénistes contre jésuites, bleus contre rouges, républicains contre royalistes, droite contre gauche, dreyfusards contre antidreyfusards, collaborateurs contre résistants... La division est dans la maison française dont l'unité n'est qu'une enveloppe, une superstructure, un pari. » Et pour comprendre cette France, il convient d'en embrasser tous les passés. Dans *L'Étrange Défaite*, Marc Bloch le souligne d'une phrase restée célèbre : « Il est deux catégories de Français qui ne comprendront jamais l'histoire de France, ceux qui refusent de vibrer au souvenir du sacre de Reims ; ceux qui lisent sans émotion le récit de la fête de la Fédération », organisée au Champ-de-Mars, à Paris, le 14 juillet 1790. Non, l'histoire de France ne commence pas avec la Révolution française. Cela va de soi ! « Tous les siècles d'une nation, écrit Renan dans *Souvenirs d'enfance et de jeunesse*, sont les feuillets d'un même livre. »

La division décrite par Fernand Braudel est-elle plus évidente aujourd'hui qu'hier ? Peut-être, et celle-ci ne serait plus seulement bipolaire, mais multipolaire. À la division succéderait la fragmentation en mille morceaux. Ce ne serait plus deux histoires, deux camps qui s'opposeraient, mais une lutte entre plusieurs clans.

La France court même à sa perte si l'on en croit certains observateurs. L'église a disparu du milieu du village. Études statistiques à l'appui, des politologues et sondeurs le démontrent. Où allons-nous ?, interroge en substance Jérôme Fourquet dans *L'Archipel français*, essai au succès aussi fulgurant que son titre est parlant, publié en 2019. Jamais les Français ne semblent avoir été aussi peu sûrs d'eux. Non pas individuellement, mais collectivement. Qu'ont-ils en partage ? Ont-ils encore envie de vivre ensemble ? Les piliers structurants du pays menacent ruine, ou presque : la religion catholique perd du terrain, le parti communiste est en chute libre, l'école ne remplit plus sa mission et les élus inspirent de moins en moins confiance. L'intégration des nouvelles vagues d'immigration ne se fait plus. Le multiculturalisme à l'anglo-saxonne prend place. Beaucoup déplorent la déconstruction de la nation par le communautarisme, le « racialisme » et la radicalisation religieuse. Le récit national, quant à lui, ce monument historique de la mémoire commune, est contesté, attaqué, dénigré. Le passé – trop machiste, trop « genré », trop raciste aux yeux de certains – est recomposé à la faveur de la *cancel culture*, du *wokisme*, du décolonialisme. L'universalisme de la philosophie des Lumières est remis en question jusque dans ses fondements, les statues qui chantaient la gloire du rayonnement national sont déboulonnées, la langue française elle-même est accusée de coupables discriminations. Comme si la France était à jeter. Les briseurs de France se recrutent à la pelle.

Cette fièvre hexagonale exacerbe les colères, met le feu aux débats. Hier trotskistes ou communistes, enfants d'Althusser et de Deleuze, de Bourdieu et de Foucault, leurs maîtres à penser, nombre d'intellectuels passeraient presque aujourd'hui pour des réactionnaires. Ils défendent la France, sa culture et ses traditions, face à une partie de la gauche. Déboussolée par la mondialisation, celle-ci a tourné le dos au peuple pour prendre fait et cause en faveur des minorités. Après l'américanisation de la France de l'après-guerre, contre laquelle le général de Gaulle s'érigeait en rempart, après la chute du communisme et du rideau de fer, l'islamisme est le nouveau danger, la nouvelle idéologie anticapitaliste, anti-occidentale. Il conquiert les esprits, dicte ses lois, s'immisce dans tous les replis de la société. Il « pollue » l'atmosphère et il tue.

Le péril est tel que la nostalgie des Trente Glorieuses, l'époque où le général de Gaulle était précisément au pouvoir, est grande. Le « c'était mieux avant » devient très tendance. Comme le suggère le titre du livre d'Henri Guaino, *De Gaulle, le nom de tout ce qui nous manque*[1], ne manquerait-il pas un chef? L'ancien conseiller de Nicolas Sarkozy rappelle cette phrase du Général, extraite du *Fil de l'épée* : « Dominer les événements, y imprimer une marque, en assumer les conséquences, c'est bien là tout ce qu'on attend d'un chef. » Dans *Madame H.*, sombre récit paru en 2015, Régis Debray porte la nostalgie du monde d'hier en bandoulière. Selon l'ancien guérillero guévariste, la France, qui se vautre

1. Éditions du Rocher, 2020.

dans les défaites, serait même sortie de l'histoire. D'autres, qui défilaient le poing levé en 1968 contre la « dictature » gaulliste, chantent à présent la gloire du Général !

La France serait aujourd'hui au fond de l'abîme, comme si, hier, tout lui souriait. Bouc-émissaire facile et pratique pour cacher nos propres insuffisances et celles de nos dirigeants, l'Union européenne est accusée de tous nos maux. La déconnexion des élites serait responsable de la paupérisation de la France des ronds-points occupés par les Gilets jaunes, nouveau prolétariat au visage protéiforme et aux revendications disparates. La sincérité oblige pourtant à dire que l'insouciance des années 1960, béatement traduite par la musique yé-yé, cachait mal des réalités que personne n'accepterait de nos jours : la soumission des femmes, le travail harassant sur les chaînes de montage des usines, l'entassement des immigrés dans les bidonvilles, les quelque quinze mille morts sur la route tous les ans, la pollution, sans oublier les jeunes appelés du contingent partis se faire trouer la peau en Algérie… C'est dire s'il convient toujours de prendre du recul face à un passé systématiquement arrangé, mythifié, idéalisé. La vérité est toujours au milieu.

Gros consommateurs de psychotropes, les Français sont pourtant plongés dans un pessimisme confondant. Ils redoutent l'avenir. Ils ne s'aiment plus. Les idées noires pullulent. Il n'est pas étonnant que les romans de Michel Houellebecq, à l'ambiance poisseuse, aux histoires glauques et aux personnages déprimés et déprimants, se vendent comme des petits pains. Mais si la France est fatiguée d'elle-même, les Français n'y sont pas pour rien. Ils sont difficiles à gouverner, ils préfèrent bien plus volontiers la confrontation à la négociation. La chasse aux gouvernants est d'ailleurs un sport national. De Gaulle en a aussi fait les frais, lui qui s'était écrié un jour en pointant les singularités régionales du pays : « Comment voulez-vous gouverner un pays où il existe 246 variétés de fromages ? » Emmanuel Macron n'avait sans doute pas tort de qualifier les Français, en août 2018, de « Gaulois réfractaires au changement ». En voyage au Danemark, il saluait, devant la reine Margrethe II, le modèle danois de « flexisécurité ». Il remarquait, en comparant son pays et celui qui l'accueillait, que des différences culturelles empêchaient de répliquer ce modèle à l'identique : « Ce qui est possible est lié à une culture, à un peuple marqué par son histoire. » L'immobilisme français s'explique-t-il ainsi ? Toutes les grandes réformes conduites depuis quarante ans pour adapter notre pays à une mondialisation irréversible se sont heurtées à des « murs du non » résistants.

Au déprimisme ambiant, au déclinisme contagieux, opposons la clairvoyance de Fernand Braudel : « Je le dis une fois pour toutes, écrit-il dans *L'Identité française*. J'aime la France avec la même passion, exigeante et compliquée, que Jules Michelet. Sans distinguer ses vertus et ses défauts, entre ce que je préfère et ce que j'accepte moins facilement. » Dans son essai sur *Les Pathologies politiques françaises*, Alain Duhamel apporte une juste synthèse : « La France est ce pays incomparable qui parvient à se montrer à la fois culturellement progressiste, économiquement conservateur, socialement corporatiste et politiquement protestataire. »

Non, la France n'est pas foutue. Elle n'est pas qu'une « idée », elle est aussi un pays, en chair et en os. Avec des paysages que le monde entier nous envie, des richesses humaines, terrestres et spirituelles que personne ne peut nier. Chassons la honte et aimons « la France parce que la nature l'a faite belle et l'histoire l'a faite grande », ainsi que l'enseignait l'historien Ernest Lavisse au début du XXe siècle. Il suffit de sortir de nos frontières pour constater que la France « s'exporte » toujours bien. Tout n'y est pas rose, mais son identité reste internationalement jalousée. Il faut la chanter et la défendre pour qu'elle reste éternelle contre ceux qui voudraient la changer. Assez de masochisme, tout aussi excessif que l'optimisme jubilatoire. Dans *L'Étrangeté française*, excellent livre paru au Seuil en 2006, Philippe d'Iribarne, directeur de recherches au CNRS, fait ce constat : « La France est un pays dont certaines bizarreries étonnent toujours l'Europe et le monde [...] On y brocarde volontiers les puissants – mais on y attend toujours le grand homme... Quelle cohérence dans tout cela ? »

Pour sonder les cœurs et les intelligences sur la France, son passé, son présent et son avenir, sur « l'idée » que l'on s'en fait en ce premier quart de XXIe siècle, j'ai donc interrogé douze personnalités dont j'estimais que le regard et la réflexion pouvaient être différents. Mon choix s'est porté sur elles, il aurait pu aussi bien se diriger vers beaucoup d'autres. Hommes ou femmes, jeunes ou plus âgés, de droite ou de gauche, sans parti pris affiché pour certains, tous ont accepté l'exercice, sans filet ni reprise. Leur sincérité n'a d'égale que leur spontanéité. Ainsi s'expriment, face à moi, Eugénie Bastié, David Djaïz, Alain Finkielkraut, Yves de Gaulle, Franz-Olivier Giesbert, Jacques Julliard, Rachel Khan, Gaspard Kœnig, Arlette Laguiller, Catherine Nay, Abnousse Shalmani et Michel Winock. Chaque entretien obéit à un déroulement singulier, les questions ne sont pas identiques. Seuls reviennent systématiquement l'extrait du général de Gaulle quand il évoque « une certaine idée de la

France » devant Michel Droit, le 13 décembre 1965, et un petit questionnaire de Proust (si la France était un paysage, un écrivain, un tableau… ?).

Écoutons-les, lisons-les, pour peut-être y voir plus clair…

Eugénie Bastié

(Journaliste et essayiste)

« *Je suis assez fière de la France.* »

Dans le regard d'Eugénie Bastié, on lit la détermination. Cette jeune femme n'a peur de rien. Elle mord la vie à pleines dents, prête à relever tous les défis, à aller à la castagne pour faire triompher ses théories. Elle parle vite, un peu comme Éric Zemmour dont les combats l'ont évidemment inspirée à ses débuts, quand elle est arrivée de son Gers natal.

Son débit de paroles est celui d'une mitraillette. Le titre de son dernier livre – *La Guerre des idées*, chez Robert Laffont – lui va comme un gant. Artilleur d'une droite affirmée, elle entend jouer un rôle dans le paysage intellectuel français, être au milieu des balles qui sifflent. Souvent du côté des anciens gauchistes devenus les gardiens des fondations de la maison France : Alain Finkielkraut, Régis Debray, Michel Onfray...

La presse de gauche a fait d'Eugénie Bastié l'étoile montante de la « réacosphère ». C'est plutôt flatteur pour elle qui revendique haut et fort ses prises de position. Contre l'avortement, le féminisme béat, le mariage pour tous, la *cancel culture*, les idéologies faciles... Pour autant, c'est une femme dans le vent, pas le style « versaillais » coincé. Si elle apprécie la galanterie et les bonnes manières, elle aime aussi brouiller les codes.

Son originalité, toutefois, ne vient pas de ses idées à rebrousse-poil de la bien-pensance, mais de sa vision optimiste de la vie, de la vie en France. Un pays dont elle se dit fière car elle estime qu'il reste intellectuellement sur la brèche, que le débat y demeure de qualité. Cette approche rompt avec celle des grognons des plateaux télé, si nombreux !

Yves Thréard : « Vive la France », qu'est-ce que cela veut dire pour vous ?
Eugénie Bastié : « Vive la France », pour moi, c'est la beauté. J'entends « la France », je pense à une certaine idée de la beauté. Pour moi, la France, c'est d'abord un cadre de vie, des paysages. J'aime la France pour sa beauté. Pour son architecture, pour ses paysages, ses vallons, ses montagnes, ses mers.

YT : *La Marseillaise* vous fait vibrer ?
EB : *La Marseillaise*, pas tant que cela je dois dire. Je trouve cet hymne un peu trop guerrier, un peu trop viril peut-être. D'ailleurs, la France, pour moi, c'est une femme.

YT : Une femme.
EB : On dit « la » France.

YT : Cela tombe bien, elle est féminine.
EB : Il y a une certaine beauté féminine dans la France, je trouve.

YT : D'accord.
EB : De Gaulle disait : « Il y a un pacte entre la France et la grandeur. » Pour moi, c'est entre la France et la beauté.

YT : « Vive la France », vous savez que c'est une phrase sans doute apocryphe qu'aurait prononcée Marc Bloch, le jour où il a été fusillé, un jour de juin 1944. Existe-t-il un événement qui peut se dérouler et où vous vous dites : « Vive la France, c'est génial » ? Cela peut être la finale de la Coupe du Monde en 1998. Après les attentats du mois de janvier 2015, quand tout le monde défile dans la rue. Cela peut être l'appel du général de Gaulle. Il y a un sursaut, quelque chose.
EB : Je dirais plus dans la tragédie que dans la joie. J'aime beaucoup cette idée que Simone Weil développe, cette idée de patriotisme de la compassion. On aime la France quand elle est en danger. Elle s'est rendu compte qu'elle aimait la France quand elle a été meurtrie – pendant la Seconde Guerre mondiale – et c'est vrai que je ne me sens jamais autant française que quand mon pays est blessé. C'est pour cela qu'effectivement, après le 13 novembre 2015, après les attentats de *Charlie Hebdo*, que j'ai connus à l'échelle de ma génération, ce sont des moments où je me suis sentie française. J'ai été fière de mon pays, de la façon dont il a réagi à ces événements, ce sursaut collectif. Plus peut-être que la Coupe du Monde ou des moments plus joyeux.

YT : Vous êtes nationaliste ?
EB : Non, je n'aime pas trop ce mot, nationaliste.

YT : Il avait raison, Mitterrand, en 1995. Il est au Parlement européen, la France est présidente de l'Europe, il est à la tribune et il dit : « Le nationalisme, c'est la guerre. »
EB : Il avait tort de dire cela. C'est faux de dire que le nationalisme, c'est la guerre. L'impérialisme, c'est la guerre. Quand la nation veut sortir de son cadre naturel, historique, a une sorte d'hubris impérialiste et veut conquérir d'autres nations. C'est ce qui s'est passé avec le nazisme. D'une certaine manière, c'est ce qui s'était passé avec Napoléon en France, qui a dépassé ce cadre capétien.

YT : Pourquoi le mot « nationalisme » a-t-il mauvaise presse aujourd'hui ?
EB : Parce qu'il y a un traumatisme de la Seconde Guerre mondiale qui a dévalorisé l'idée nationale. Je préfère le mot patrie, je le trouve plus humain, plus charnel, plus concret. La nation, c'est un peu froid. Peut-être parce que je suis de droite, et que la patrie est un mot de droite et la nation un mot de gauche.

YT : Intéressant que vous disiez que la nation est un mot de gauche, alors que, quand on parle de nationalistes, on renvoie à l'extrême droite.
EB : Tout le XIXe siècle, la construction de la nation, c'est l'idée républicaine, c'est la gauche.

YT : Vous approuvez cette notion ?
EB : Oui, bien sûr. Pour moi, la nation commence évidemment avant la République. Elle préexiste à la République.

YT : Elle commence quand ? Est-ce qu'elle se confond avec la naissance de la France ?
EB : Je pourrais vous dire que c'est le baptême de Clovis. Il faut bien choisir une date arbitraire. Si on lit Patrick Boucheron et *L'Histoire mondiale de la France*, il prend la France comme un ensemble géographique qui va débuter avec les grottes de Chauvet. Mais, pour moi, ce n'est pas cela, la France. On peut décider arbitrairement que ce serait le baptême de Clovis et qu'elle se construit petit à petit. Ce qui fait la spécificité de la nation française, la nation par excellence, c'est que, justement, elle est une construction politique. Elle est le fruit d'une volonté d'un État qui déclare : on va construire quelque chose ensemble et on va fabriquer ce cadre national. Et c'est là où la nation a été peut-être la plus pensée, comme une chose politique. Parfois, dans d'autres pays, elle est arrivée un peu par hasard.

YT : On a cité Marc Bloch avec « Vive la France » qu'il aurait peut-être dit. Marc Bloch a une autre phrase très célèbre dans *L'Étrange Défaite,* qu'il a écrit en 1940. Êtes-vous d'accord avec cette phrase ?

> « Il est deux catégories de Français qui ne comprendront jamais l'histoire de France, ceux qui refusent de vibrer au souvenir du sacre de Reims ; ceux qui lisent sans émotion le récit de la fête de la Fédération. »

EB : Tout à fait. Je crois d'ailleurs qu'avant lui, Péguy avait dit la même chose : « La République, notre royaume de France ». Il réconcilie les deux mémoires, la mémoire républicaine et la mémoire de l'Ancien Régime, et il essaie de fondre cela dans son œuvre. Cela va jusqu'à Sardou, *Les deux écoles*, la fameuse chanson : « Dans le Lot-et-Garonne, on bouffait du curé et le dimanche, en Vendée, on prie la madone. » C'est cette idée qu'il y a ces deux France qui se regardent en chiens de faïence depuis 1789. À un moment, on les a réconciliées dans le creuset national. Je suis d'accord avec cela. Je pense que la France commence avant 1789. Et qu'elle a réussi à intégrer cette rupture qui a été très brutale. Je suis évidemment pour cette réconciliation des mémoires. C'est quelque chose de très important dans notre pays. Aujourd'hui encore, on voit les traces de cette division entre ceux finalement qui décident de ne prendre qu'un morceau de l'histoire de France et ceux qui disent que c'est un bloc et que nous allons faire avec. Ce sont des clivages qui sont encore très actuels.

YT : Il y a aussi une autre interprétation. Quand il y a un événement important – et cela ramène à ce qu'on disait –, il y a un élan national, tout le monde est uni au moment du baptême de Clovis. C'est une union sacrée. Et puis à la fête de la Fédération, tout le monde est là, y compris Louis XVI.

EB : Il y a plusieurs moments. Il y a aussi la Première Guerre mondiale, où tout le camp royaliste, qui est encore nostalgique de l'Ancien Régime, se retrouve dans les tranchées avec les républicains, les deux France se retrouvent. L'écrivain Maurice Barrès qui, avant la Première Guerre mondiale, est furieusement antisémite, admet après la guerre que les juifs ayant donné leur sang pour la France réintègrent le récit national. Je pense qu'on le revit actuellement. Par exemple dans la guerre contre l'islam radical ou l'islamisme, il y a aussi ce creuset national qui se refonde, et des gens de droite et de gauche de traditions totalement différentes, d'espaces de pensée, d'idéologies, s'unissent contre ce nouveau péril. On retrouve cette espèce de sursaut national tout au long de notre histoire.

YT : Quelqu'un qui l'a un peu théorisé, c'est Charles de Gaulle. Il a dit ceci :

> « Je me fais en effet de la France une certaine idée. Je veux dire par là qu'à mon sens, elle est quelque chose de très grand, de très particulier. C'est, du reste, je le pense, ressenti par le monde entier [...] C'est vrai, la France est une chose, à mes yeux, très considérable, très valable. Et elle doit avoir dans le monde quel qu'il soit, à toute époque, naturellement d'après les circonstances, elle doit avoir un rôle à elle. Il faut que la France joue son rôle, c'est exact. Et pour qu'elle joue son rôle, il faut qu'elle soit la France. Les Français. Les Français, c'est eux qui font la France. C'est eux qui en sont responsables [...] La France est plus que les Français du moment. La France vient de loin[1]. »

« La France vient de loin. » On en a parlé. Il déclare : « Elle a un rôle à jouer dans le monde ». Elle joue toujours ce rôle ?
EB : Je suis très admirative de De Gaulle, mais ce qui m'a toujours un peu gênée dans la définition gaullienne de la grandeur, c'est l'idée même de la grandeur, d'être le

1. « Charles de Gaulle », Campagne électorale officielle : élection présidentielle 2e tour, ORTF, 13 décembre 1965 © INA.

numéro 1, d'être une puissance mondiale, etc. J'avoue que j'y suis moins sensible. La France, en effet, c'est une voix unique au monde. C'est plus la spécificité que la grandeur qui m'intéresse.

YT : C'est un peu la grandeur de De Gaulle. Il y a la grandeur de Napoléon qui est une grandeur de conquête et la grandeur du général de Gaulle qui est une grandeur de rayonnement idéologique quasiment universel.
EB : C'est vrai et d'ailleurs, je citais Simone Weil qui dit, à propos de De Gaulle, qu'il a incarné la France presque comme une idée. Puisqu'il n'était même pas physiquement en France, c'était l'idée platonicienne de la France, pure, qu'il incarnait. Évidemment, la France, elle vient de loin, mais si on essaie de rentrer spécifiquement sur ce qu'est la France, pour moi, il y a quelqu'un qui l'a merveilleusement bien décrite, c'est Mona Ozouf, dans *Composition française*, son livre autobiographique où elle écrit : « La France, c'est l'endroit où se rencontrent l'abstraction, l'universel et le particulier. » C'est assez fort et beau. On pourrait dire que c'est banal, mais c'est très puissant. La France est à la fois le pays de la raison, de l'abstraction, avec la loi civile très importante, héritée des Romains. On a un attachement à la loi générale, beaucoup plus que les Anglo-Saxons qui sont très empiriques. Et en même temps, un pays extrêmement diversifié. Quand de Gaulle dit qu'il y a des centaines de fromages, en fait, c'est un pays très divers. Quand on traverse la France, on voit des paysages extrêmement différents, des cultures, et pour moi, c'est cette alchimie française qui est incroyable, cette patrie de l'universel et en même temps ces différences.

YT : C'est intéressant. Vous comparez avec les Anglo-Saxons. Est-ce que cela nous cause du tort d'être moins pragmatiques que les Anglo-Saxons, et d'une certaine façon plus intellectuels ?
EB : C'est pour cela que j'aime la France. Justement, j'adore l'histoire des idées et la France est la patrie des intellectuels par excellence. On essaie de théoriser, d'idéologiser tout et c'est en même temps notre génie national. Je le trouve extraordinaire.

YT : Parfois avec un peu d'excès ?
EB : Évidemment. C'est vrai que c'est très français de vouloir tout théoriser, de vouloir dégager des grandes idées et de se battre pour des principes. Même si elle est déclassée d'un point de vue économique, d'un point de vue peut-être même diplomatique, géopolitique, elle reste quand même une place du débat intellectuel. On le voit aujourd'hui par rapport aux pays anglo-saxons qui ont une certaine vision du multiculturalisme, de la laïcité, etc. Nous, nous sommes un peu un pays qui résiste à ces mouvements-là. On est un peu le seul.

YT : La France n'est pas multiculturelle ?
EB : La France est multiethnique et multiculturelle de fait, mais elle n'a pas théorisé ce multiculturalisme.

YT : C'est vrai. Il y a le creuset de la laïcité.
EB : Il y a toujours cette idée de volontarisme politique. Il y a l'effet et il y a l'idée. L'effet, c'est qu'il y a différentes communautés sur le territoire, mais on va avec cette idée de construire quelque chose de commun.

YT : C'est ce que disait le général de Gaulle : « Il y a les Français. Et la France, c'est ce que les Français en font. » Est-ce que les Français sont, d'après vous, attachés à l'héritage de leur pays, à ce qu'il a été, ce qu'il est et ce qu'il doit être ?
EB : Oui, je pense que les Français, globalement, sont très attachés à leur passé. Je suis plus inquiète pour les nouvelles générations. Peut-être que j'en fais partie aussi, mais je trouve qu'il y a une tentation du présentisme très forte, de vouloir juger tout notre passé avec les yeux du présent. Et, du coup, de ne plus voir l'ambiguïté des personnages, des camps historiques, etc., et de lire l'histoire en noir et blanc à partir de nos lunettes d'aujourd'hui. On juge moralement le passé, alors que…

YT : L'histoire n'est pas linéaire.
EB : Elle ne l'est pas. C'est une de mes convictions. Je regrette vraiment ce présentisme, qui nous empêche de saisir cette complexité.

YT : Actuellement, il y a un débat pour savoir si Gisèle Halimi doit rentrer au Panthéon. Vous êtes pour ou contre ?
EB : Pourquoi pas. J'avoue que je ne connais pas très bien son œuvre ni sa personne.

YT : C'est une avocate qui a beaucoup défendu les militants du FLN du temps de la guerre d'Algérie, qui a ensuite fait partie de ces femmes qui ont lutté pour l'avortement, et qui a défendu le féminisme.
EB : Un féminisme, il me semble, assez universaliste. Notamment sur l'affaire du voile de Creil en 1989, elle a claqué la porte de SOS Racisme.

YT : À cause de cela.
EB : C'est aussi une spécificité française.

YT : Petite juive de Tunis.
EB : C'est intéressant, pour moi qui m'intéresse à la question du féminisme, il y a un féminisme français qui est universaliste et qui consiste à juger finalement toutes les religions de manière égale et qui n'est pas dans la complaisance, face à l'islamisme, qu'ont d'autres féminismes dans le monde. Là aussi, on retrouve une spécificité et une unicité françaises.

YT : Vous étiez inquiète du présentisme aujourd'hui, vous disiez qu'il y avait un multiculturalisme qui était finalement un multiculturalisme de fait. Écoutez.
Ma France à Moi, Diam's.

> *« C'est pas ma France à moi cette France profonde*
> *Celle qui nous fout la honte et aimerait que l'on plonge*
> *Ma France à moi ne vit pas dans le mensonge*
> *Avec le cœur et la rage, à la lumière, pas dans l'ombre*[2]. »

C'est rude ?
EB : Oui.

YT : Pour vous.
EB : C'est Diam's.

YT : Oui. C'est Diam's. C'est rude ? Elle vit dans le mensonge ?

---

2. *Ma France à moi*, Diam's. © Universal Music Publishing Mgb France.

EB : Non, mais c'est ce genre de chansons qui ont eu énormément de succès quand j'étais jeune, en 2006. C'est une musique qui a bercé notre jeunesse, c'est-à-dire l'idée d'une vieille France rance versus la nouvelle France mélangée, métissée, etc., tout ce discours un peu d'un antiracisme finalement assez naïf, parce que le parcours de Diam's, quel est-il ? Elle a fini par prendre le voile, elle est partie au Qatar et le mélange qu'elle prône dans ses chansons n'a jamais existé. Maintenant, c'est le séparatisme. Cet antiracisme qu'on nous avait vendu un peu à la sauce Benetton – on va tous vivre mélangés –, ça a abouti à l'archipel français, on n'est pas du tout dans la salade composée, mais dans l'archipel français, je trouve ça presque naïf comme chanson.

YT : Le président de Gaulle parlait de la « chose » en parlant de la France. Est-ce que, pour réparer la « chose », il ne faudrait pas retrouver les racines chrétiennes de la France ?
EB : Effectivement, un certain héritage laïcard, anticlérical, nous a fait nier pendant longtemps ou mettre de côté ces racines chrétiennes, là où elles sont évidentes dans d'autres pays catholiques, comme l'Italie, l'Espagne. Et je pense que, là, c'est une erreur et j'ai un peu l'impression quand même que c'est en train de changer, que ce tabou est en train d'être levé petit à petit.

YT : Qu'on n'a pas honte ?
EB : Qu'on a moins honte peut-être.

YT : Qu'est-ce qui nous a fait honte ? C'est la force de la laïcité ? C'est l'arrivée d'autres cultures ?

EB : C'est plusieurs choses, oui. Il y a effectivement cet héritage anticlérical, ce gros combat qu'ont mené la République et l'Église au début du xxe siècle, qui a été extrêmement douloureux, violent. Aujourd'hui, on parle beaucoup d'islamophobie, mais que dire de la christianophobie du début du xxe siècle où les congrégations étaient chassées, où l'on confisquait les biens, etc. ? Cet héritage-là a évidemment pesé. Après, il y a eu aussi une forme de haine de soi, qui est portée par une certaine gauche repentante, qui dit finalement : « Nous avons péché, nous, l'Occident chrétien et il faut évacuer cela pour faire place à d'autres cultures. »

YT : C'est un mal, la repentance ?
EB : Oui. Cela a fait beaucoup de mal.

YT : On doit s'affirmer.
EB : Je pense que le fait d'avoir enseigné pendant longtemps, d'avoir mis l'accent sur ce qui nous divisait, sur les heures sombres, sur les crimes de la France plutôt que sur ce qu'elle a fait de bien, de beau, de grand, cela a entretenu une défiance, une haine de soi, qui, aujourd'hui, font des ravages.

YT : On est plein de paradoxes. Je vais vous montrer des images.

> « Puissent tous ceux que cette mort rassemble trouver courage et force pour accomplir leur mission pour le bien de tous les hommes. Nous entrons dans cette prière en écoutant le chant du Requiem. »

Nous sommes en janvier 1996, à Notre-Dame, le président Mitterrand vient de mourir. Le président Mitterrand, c'est la gauche française qui a, chevillée au corps, la laïcité. Lui peut-être pas, d'ailleurs.
EB : Oui.

YT : Il y a néanmoins un hommage solennel qui lui est rendu en la cathédrale de Paris avec tout ce que la terre compte de chefs d'État, de têtes couronnées, de chefs de gouvernement.
EB : C'est le paradoxe français, un pays qui a, à la fois, une laïcité la plus intransigeante qui soit, où, finalement, l'Église et l'État sont totalement séparés, et qui, pourtant, est couvert d'églises comme aucun autre pays au monde. Vous traversez la France, ce sont des nuées et des nuées de clochers. C'est vrai que c'est un pays tout en paradoxes. C'est aussi un pays à la fois extrêmement raffiné, élégant, et en même temps, il y a cette espèce de gauloiserie, de grivoiserie j'allais dire.

YT : Que vous aimez ?
EB : Oui. J'aime ces deux côtés de la France. C'est-à-dire le pays de l'abstraction, mais en même temps le pays des 246 variétés de fromages...

YT : Le pays du béret basque et d'Yves Saint-Laurent ?
EB : Exactement. Le pays de l'élégance et de la grivoiserie, Le pays qui, en même temps, considère que les femmes sont à égale raison avec les hommes et donc on leur donne la place dans l'espace public et qui cultive une certaine différenciation des sexes et un goût de la différence des sexes, de la séduction et de la féminité même.

YT : Même si ce goût est attaqué aujourd'hui, non ?
EB : Il est attaqué. Je pense que la France aujourd'hui est un pôle de résistance à la fois au retour de la race et de l'identité dans le débat public, parce qu'elle maintient cet universel, elle est aussi un pôle de résistance à l'abolition de la différence des sexes qu'on retrouve dans certaines théories du genre.

YT : Dans le monde anglo-saxon.
EB : Qui veut effacer la frontière entre les sexes. La France résiste.

YT : Vous êtes fière de votre pays ?
EB : En ce moment, oui. Je dois dire que je trouve que la France, face aux enjeux du XXIe siècle, notamment dans le champ des idées, tient une place à part et qu'elle la tient bien. Pour le moment, même si, évidemment, c'est encore fragile et c'est très attaqué. Je suis assez fière de mon pays.

YT : Au début, vous disiez que vous vibriez pour la France à certains moments, est-ce que, parfois, elle peut vous émouvoir au point de verser une petite larme ?
EB : Je n'ai pas d'exemple précis. Si, je vous disais, ces grands moments d'unité nationale, ces dernières années, quand il y a eu ces attentats, là, j'ai été touchée, oui. Quand mon pays est blessé et qu'il y a cette espèce d'élan d'unité nationale autour des victimes du 13 novembre, même autour de *Charlie Hebdo* – qui n'est pas du tout ma tasse de thé personnellement –, mais on sentait que l'on appartenait à un commun, à un récit collectif. Ces moments-là m'ont tiré une larme.

YT : Si vous aviez un rêve pour la France, quel serait-il ?
EB : Ce serait qu'elle continue à résister justement, qu'elle continue à affirmer sa voix dans la mondialisation, dans une culture mondialisée qui tend à être de plus en plus uniforme, où finalement tout le monde adopte plus ou moins les codes de la mondialisation.

YT : De la standardisation.
EB : Oui. Je pense que la France est à même de résister à la fois justement à cette uniformisation à la fois linguistique, économique, culturelle et aussi à ce politiquement correct, pour dire les choses crûment, qui vient des États-Unis et qui impose une certaine manière de voir, à laquelle la France tient tête. Et mon rêve, c'est qu'elle tienne bon.

YT : Vous êtes une résistante ?
EB : Non, c'est un bien grand mot, résistante. Non, mais je défends cet héritage-là et je pense qu'il va être de plus en plus précieux.

YT : N'y a-t-il pas un risque que la jeunesse française, une partie, se fasse happer par cette mondialisation, cette standardisation, de singer justement ce qui peut se passer aux États-Unis ?
EB : C'est déjà le cas, oui. Je trouve que c'est terrible, mais j'ai aussi assez confiance en la jeunesse. J'appartiens à la génération de 1991, et je pense que nous avons vécu le retour du tragique dans notre pays. On a eu les attentats, on peut citer la pandémie, la crise migratoire. On croyait que c'était la fin de l'histoire, que tout allait bien se passer, qu'on

allait vivre dans l'opulence généralisée, mais ce qu'a vécu ma génération, c'est le retour du tragique.

YT : Ce n'était pas la fin de l'histoire.
EB : Du tout. L'histoire est bien présente.

YT : L'histoire n'est pas toujours tragique ?
EB : Oui, on croyait que tout allait être harmonisé sous le règne du marché, du droit et de l'informatique, et on s'est rendu compte que les vieilles pulsions archaïques étaient toujours là, on se bat toujours pour des idées. Évidemment, c'est tragique, c'est sanglant et c'est à la fois triste et, parallèlement, je trouve notre époque formidablement intéressante. Il y a une espèce de combat à mener. On vit une époque passionnante et je pense qu'une partie de la jeunesse – évidemment, il ne faut pas juger ses pairs, etc. – , une partie de ma génération est peut-être un peu plus, pas militante mais plus engagée que ne l'ont été les générations de nos parents, de nos grands-parents, qui étaient peut-être plus passifs. C'était la génération d'après la guerre. Ils ont vécu dans l'opulence, dans la paix.

YT : Trop contemplatifs ?
EB : Peut-être trop égoïstes.

YT : Complaisants.
EB : En fait, ils ne se posaient pas la question du monde dans lequel ils vivaient. La France était quelque chose de donné pour eux, d'acquis, alors que nous, nous devons la défendre.

YT : On vous sent guerrière, résistante, combative, vous seriez prête à mourir pour la France ?
EB : C'est une question à laquelle il serait très présomptueux de répondre oui. Je ne sais pas comment je réagirais.

YT : À vous battre pour elle.
EB : Oui, ça, c'est sûr, mais je ne sais pas si je crierais « vive la France » face à un peloton d'exécution comme Marc Bloch, si j'aurais ce courage. Je préfère surtout ne pas le dire devant une caméra.

*

YT : On va passer à des choses un peu plus légères, inspirées directement du questionnaire de Proust. Si vous aviez un paysage, ce serait lequel ?
EB : Ce serait un paysage du Gers, d'où je viens.

YT : Que l'on voit là. Avec les Pyrénées au fond.
EB : Je suis du Sud-Ouest, la Gascogne, le Gers, les Landes, toute ma famille vient de là. On fait de l'armagnac et j'aime la Gascogne, parce que ce sont ces paysages assez vallonnés, avec une lumière très belle. Il n'y a rien de grandiose, ce n'est pas vertigineux.

YT : C'est beau.
EB : C'est très beau. C'est une beauté vraiment à échelle humaine, il n'y a pas de grand précipice. Et la Gascogne, c'est le pays de d'Artagnan, du panache.

YT : Le panache.
EB : De l'exagération.

YT : S'il y avait un livre qui vous évoque la France ?
EB : Je dirais *Les Illusions perdues* de Balzac. Honoré de Balzac, pour moi, c'est celui qui a le mieux décrit cette société française, c'est le plus grand de nos sociologues.

YT : Dans *La Comédie humaine, Les Illusions perdues.*
EB : C'est le meilleur. Je m'identifie à ce provincial qui monte à Paris pour réussir dans ce milieu littéraire extrêmement dur. Il y a toute cette description du milieu journalistique, littéraire, culturel, très français là aussi.

YT : Un tableau.
EB : L'autoportrait d'Élisabeth Vigée Le Brun et de sa fille.

YT : Oui. Elle est là. Elle est très belle.
EB : Pour moi, c'est aussi très français. C'est féminin, c'est romantique, et puis cette tendresse maternelle entre la mère et l'enfant, je trouve ça très beau, cet art du portrait très français du XVIIIe siècle. Et puis je voulais parler de Vigée Le Brun, parce que c'est une femme, on parle beaucoup des femmes dans l'histoire qu'on aurait oubliées, elle a été oubliée à cause de la Révolution française, elle était royaliste. Elle a été exilée. Elle était très proche de Marie-Antoinette. On a redécouvert récemment que c'était une des plus grandes artistes françaises.

YT : Un personnage ?
EB : Un personnage historique peu connu, enfin peu connu... moins connu que d'autres de la même période, Bertrand du Guesclin.

YT : Ah, un guerrier !
EB : Je suis très sensible à tout l'idéal chevaleresque français, le chevalier. C'est une invention française magnifique, qui se prolonge avec la galanterie, les salons, etc. Bertrand du Guesclin est le chevalier de la guerre de Cent Ans. Il précède Jeanne d'Arc. J'aurais pu dire Jeanne d'Arc, mais elle est plus connue. Bertrand du Guesclin est magnifique, parce qu'il était très laid mais très courageux. Sa devise, c'était : « Le courage donne ce que la beauté refuse. » C'est un personnage très français dans son panache, dans son courage, et dans l'honneur. La question de l'honneur est très forte dans l'imaginaire français. On se bat pour une peccadille, ou pour une femme, ou pour un principe ou pour une idée.

YT : C'est encore vrai aujourd'hui ?
EB : Oui, je pense, dans notre attachement aux principes. Il y a une question d'honneur. On ne cèdera pas.

YT : La France est une femme pour vous, mais elle est virile.
EB : Oui, c'est ça. Il y a une virilité féminine.

YT : Merci, Eugénie Bastié.
EB : Merci à vous.

David Djaïz

(Haut fonctionnaire, essayiste)

« *La France a la conscience malheureuse.* »

Normalien et énarque, David Djaïz a un *curriculum vitae* de premier de la classe, style Laurent Fabius et Alain Juppé, même si le garçon est moins austère, beaucoup moins. À 31 ans, il a déjà trois livres à son compteur. Les deux derniers, *Slow Démocratie* et *Le Nouveau Modèle social français*, sortis tous les deux chez Allary Éditions, en 2019 puis 2021, lui ont valu d'éclore médiatiquement.

Ce jeune intellectuel est impressionnant par la clarté de sa réflexion. Ce qui se conçoit bien s'exprime clairement, disait Boileau. La formule convient à David Djaïz qui se revendique d'une gauche modérée à une époque où la radicalité des idées est bien davantage à la mode dans les débats.

Cet esprit agile n'est pas que dans le constat, posture habituelle dont il ne sort généralement rien de bon, tant les humeurs sont chagrines dans notre pays. Non, il dresse un bilan mesuré – tout n'est pas foutu –, mais surtout il propose un chemin d'avenir, des solutions pour sortir du brouillard. Louable prise de risque, qui flirte parfois avec un brin de naïveté car il est difficile de secouer le cocotier français.

Le déclin n'est pas une fatalité. Notre pays, selon David Djaïz, peut relever les défis posés par la mondialisation si l'idée même de nation est réhabilitée. Celle-ci reste, dit-il, « le levier le plus efficace pour ne plus être les témoins impuissants des dérèglements en cours ». La nation comme écluse de la mondialisation : la formule de ce néosouverainisme n'est pas seulement élégante, elle est aussi suffisamment intrigante pour qu'on demande à son auteur de la développer…

Yves Thréard : David Djaïz, existe-t-il une identité française ?
David Djaïz : Cela dépend comment on définit l'identité. La France évolue. Elle a une histoire, mais il existe quelques traits structurants qui la singularisent.

YT : Lesquels ?
DD : Je dirais trois choses. D'abord, la France est, géographiquement, un petit Finistère de l'Occident et de l'Europe de l'Ouest, mais c'est aussi plus que ça. C'est bien sûr l'héritage latin, l'héritage grec, la religion catholique, comme disait Paul Valéry, les trois sources de la civilisation européenne, mais aussi une volonté de s'universaliser, de s'élever au-delà de la condition occidentale et de dialoguer avec d'autres civilisations. Pensez à Malraux, par exemple. C'est une immense diversité de patrimoines, de terroirs, de traditions, de langages. Il a parfois fallu les réduire à une forme d'unité, parfois au forceps, avec un État, monarchique d'abord, républicain ensuite. En France, il y a ce goût des idées générales, ce

goût de l'abstraction parce que, quand on a 246 variétés de fromages, comme disait le général de Gaulle, il faut avoir les idées un peu abstraites pour arriver à faire coexister cette diversité dans l'unité.

YT : Et cette identité française, elle a évolué, elle a changé, elle a été bouleversée. Est-ce que vous diriez qu'elle bouge davantage, qu'elle change davantage ces dernières décennies que par le passé ?
DD : Je ne dirais pas qu'elle bouge davantage, mais plutôt que la crise de conscience et de civilisation que nous vivons est liée au fait que la France, longtemps, s'est conçue comme un petit monde. Et quand la France est entrée dans la mondialisation, à la fin des années 1960, elle a été percutée par quelque chose qu'elle ne comprend plus bien. Il y a une sorte de remise en question existentielle.

YT : Les autres comprennent-ils la France ? Souvent, les Américains, les Anglo-Saxons, en la regardant, avec ses 246 fromages qu'ils adorent, ne la comprennent pas à cause de la laïcité. Est-ce qu'on est compris des autres ?
DD : Pas son patrimoine républicain, qui est quelque chose de très singulier. La France n'est pas seulement la société des individus, la grande société ou la société ouverte, dont parlent les libéraux anglo-saxons. Il y a un État républicain et la laïcité fait partie, de ce point de vue, de notre patrimoine républicain. C'est une modalité de coexistence des religions, des cultes, mais avec une sorte de socle commun civique. Et cela, c'est quelque chose qui est presque une langue étrangère, et dans cette mondialisation qui uniformise, qui arase, parfois, on peine à se faire comprendre.

YT : La France se standardise?
DD : Elle résiste à la standardisation, mais elle a la conscience malheureuse, car elle n'est plus suffisamment fière et consciente d'elle-même.

YT : Vous qui êtes jeune, qui avez voyagé, qui avez appris, vous vous considérez comme un citoyen du monde ou vous revendiquez votre nationalité?
DD : Vous savez, moi, j'ai un père qui est arrivé d'Algérie en France à l'âge de 23 ans, j'ai grandi en partie au Maroc, parce qu'il était professeur dans un lycée français au Maroc, j'ai vécu aux États-Unis, et au fond, cette trajectoire et ces expériences à l'étranger ne m'ont jamais fait me sentir aussi Français que quand j'étais en France. Il y a quelque chose d'indéfinissable. De plus, j'ai le sentiment d'avoir une dette particulière vis-à-vis de ce pays parce qu'il a permis à mon père, arrivé quasiment sans le sou en France, de devenir un professeur de la République et il me disait que, dans la famille, on n'avait que l'école.

YT : Juif d'Algérie?
DD : Kabyle, d'une famille kabyle.

YT : Issu d'une famille kabyle. Il y en a qui ne comprennent pas la France et je vous invite à lire cette phrase, célèbre, de Marc Bloch, grand historien, qui a écrit un livre qui s'intitule *L'Étrange Défaite,* en 1940, et qui estime que la hiérarchie militaire, politique, bourgeoise de l'entre-deux-guerres a été au-dessous de tout. Comment interprétez-vous cette phrase?

> « Il est deux catégories de Français qui ne comprendront jamais l'histoire de France, ceux qui refusent de vibrer au

souvenir du sacre de Reims ; ceux qui lisent sans émotion le récit de la fête de la Fédération. »

DD : Il y a deux façons de l'interpréter. D'abord, Marc Bloch nous dit qu'il y a une continuité entre le sacre de Clovis et la fête de la Fédération, cette volonté d'unification, cet État qui s'est construit dans la monarchie, monarchie liée à l'Église, puis dans l'État républicain.

YT : Donc l'histoire ne commence pas avec la Révolution française, comme la gauche, notamment, a essayé de le faire croire.
DD : Tocqueville a écrit ce livre magnifique, *L'Ancien Régime et la Révolution*, où il montre que la monarchie administrative française a préparé l'État jacobin, avec les circonscriptions administratives, le surintendant des finances, l'administration du territoire... Les révoltes fiscales, déjà, à l'époque. Il y avait cette continuité entre l'Ancien Régime et la Révolution. Mais cette phrase dit autre chose.

YT : Deuxième interprétation.
DD : Elle dit que, au fond, en France, on a une passion de l'unité, qui peut nous conduire à être très idéologues. À dire que l'unité, ce n'est que cela, ce n'est que la religion et la monarchie de Balzac, par exemple, ou que la République pour ceux qui pensent que, 1789, c'est l'an zéro. L'historien, mais au fond le citoyen, doit embrasser la diversité derrière l'unité. Je me méfie beaucoup des discours unificateurs qui voudraient gommer une partie de ce qui fait la richesse de la France. Il faut embrasser la France.

YT : Vous me permettez de donner une troisième interprétation : est-ce que ce n'est pas non plus l'élan français, là où tout le monde se rassemble ? Le sacre de Clovis, la France se rassemble, finalement. La fête de la Fédération, après la Révolution, pendant la Révolution, c'est la France qui se rassemble aussi. Il y avait même, à la première fête de la Fédération, il faut le rappeler, Louis XVI. Ce n'est pas cela, aussi, la France ?
DD : Ce sont des moments constituants.

YT : Elle sait encore se rassembler ?
DD : Plus beaucoup. Mais la France, c'est sinusoïdal, ce n'est pas juste des élans, c'est aussi des catastrophes et des moments d'élan et de redressement.

YT : Quand il y a eu les attentats de 2015 en France, il y a eu quand même un élan de rassemblement.
DD : Oui mais très éphémère, et on voit aujourd'hui qu'on est dans une société archipélisée. Mais j'ai confiance. Regardez 1940, c'est le point le plus bas de notre histoire, et 1945, c'est le général de Gaulle, la libération de la France, la Sécurité sociale, la stabilisation du pays. 1958 est une date difficile aussi dans l'histoire de France. Et je crois que, dans notre histoire sinusoïdale, les moments de catastrophe jouxtent en quelque sorte les moments d'élan et de redressement. Je crois qu'on a la possibilité de reconstruire cette espèce d'élan et d'émotion collective, à condition de s'en donner les moyens.

YT : Vous parlez de Charles de Gaulle, on va l'écouter, car une certaine idée de la France, c'est le début des *Mémoires de guerre*, mais c'est aussi cela.

> « Je me fais en effet de la France une certaine idée. Je veux dire par là qu'à mon sens, elle est quelque chose de très grand, de très particulier. C'est, du reste, je le pense, ressenti par le monde entier [...] C'est vrai, la France est une chose, à mes yeux, très considérable, très valable. Et elle doit avoir dans le monde quel qu'il soit, à toute époque, naturellement d'après les circonstances, elle doit avoir un rôle à elle. Il faut que la France joue son rôle, c'est exact. Et pour qu'elle joue son rôle, il faut qu'elle soit la France. Les Français. Les Français, c'est eux qui font la France. C'est eux qui en sont responsables [...] La France est plus que les Français du moment. La France vient de loin. »

On est en 1965, c'est l'entre-deux-tours, le 13 décembre, de la première présidentielle au suffrage universel direct. Il est interviewé par Michel Droit, qui lui demande ce qu'il veut dire par une certaine idée de la France. Je rebondis sur trois de ses propos. Le premier : la France vient de loin. Elle vient d'où ? Elle vient de Vercingétorix, ce qu'on a appris à l'école, pendant la IIIe, la IVe République ? Elle vient du baptême de Clovis ? De Philippe Auguste et de Philippe Le Bel, qui ont davantage unifié la France ? D'où vient la France ?
DD : De tout cela à la fois, c'est un creuset, elle vient aussi de Phocée, qui a fondé Marseille six siècles avant Jésus-Christ.

YT : Oui, ce sont les Grecs.
DD : Oui, la France vient de la latinité, elle vient de la Grèce ancienne, elle vient bien sûr de la religion catholique, elle vient – et je vais peut-être vous surprendre – de l'islam. La France a une relation avec le monde islamique forte, et

très particulière, très antérieure à la colonisation et toutes les bêtises qu'on entend aujourd'hui.

YT : Napoléon qui fait la campagne d'Égypte ?
DD : Oui, ou l'alliance de revers de François Ier avec le Grand Turc.

YT : C'est vrai.
DD : L'émir Abdelkader qui est venu à Pau, qui a protégé les chrétiens à Damas, vous voyez, il y a quand même une relation très forte avec des ères civilisationnelles qui vont au-delà de l'Occident. Donc elle est à la fois ce petit Finistère occidental dont je parlais tout à l'heure, et elle est plus que cela, elle est cet universalisme d'élévation dont parlait Jean Baudrillard, cette volonté de se hisser en quelque sorte au-dessus de sa condition, de ce petit morceau de 550 000 km^2.

YT : Et il y a peu de pays comme elle, justement, qui réunissent toutes ces origines, toutes ces racines – ce qui n'est pas tout à fait pareil ?
DD : Il y a des pays qui réunissent beaucoup de trajectoires, de racines… Mais je crois que ce messianisme universaliste, il n'y a que deux pays qui l'ont, dans des registres très différents d'ailleurs, ce sont les États-Unis et la France.

YT : C'est la première des choses. La deuxième des choses, assez incroyable, c'est de Gaulle qui dit que la France, c'est aussi les Français et qu'ils sont responsables de la France. On est encore aujourd'hui responsables de notre pays, dans la mondialisation ?

DD : C'est magnifique, c'est une façon de dire que la démocratie n'est pas juste une affaire d'institutions, c'est si peu une affaire de Constitution, et encore moins une affaire d'élection. C'est une affaire d'engagement continu. C'est ce que Hannah Arendt appelait la démocratie continue.

YT : Un plébiscite de tous les jours ?
DD : Un plébiscite de tous les jours comme disait Renan, mais surtout l'idée d'une coresponsabilité. Nous sommes coresponsables de ce bien commun qui s'appelle la démocratie et quand on oublie, au fond, cette responsabilité qui est la nôtre, celle de chacun d'entre nous, on laisse l'édifice se dégrader, comme une maison qu'on n'entretient pas. Une bâtisse de campagne, quand on ne l'entretient pas, le toit commence à fuir, la maison se délabre. La démocratie, c'est pareil : si on ne l'entretient pas, elle se délabre.

YT : Est-elle en train de se délabrer ?
DD : Oui, je constate aujourd'hui que l'on est dans une grave crise démocratique. Il y a des indices objectifs : les taux d'abstention, la défiance, la montée des populismes les plus excluants, les plus identitaires. Mais au-delà, il y a un désinvestissement civique.

YT : C'est-à-dire que les gens se détournent de la nation ?
DD : Les gens se détournent du bien commun et, au fond, de l'œuvre collective.

YT : Alors, il y a un troisième thème évoqué par de Gaulle : la France a un rôle à jouer dans le monde. Est-ce que ce rôle

est toujours le même, et est-on toujours au même niveau ? Quel rôle d'abord a-t-on à jouer dans le monde ?
DD : Justement, le fait d'être la France, c'est quelque chose d'autre. C'est différent, la France, comme le disait le général de Gaulle. On fait bien sûr partie du bloc occidental, ce serait idiot de le nier, que nous venons de là, du christianisme, de la romanité, mais nous avons cette ambition universelle qui se manifeste au moment de la fête de la Fédération mais aussi, en d'autres temps, y compris dans l'Ancien Régime. C'est ce qui nous fait avoir une voix différente, la France est solidaire des opprimés. Victor Hugo disait une chose que j'aime beaucoup : tous les souverains d'Europe savent que nous pouvons, à tout moment, lâcher leur peuple sur eux, nous n'avons qu'à dire « feu » et ce sera la révolution dans les pays européens.

YT : Donc la France est un exemple ?
DD : La France est un modèle, la Révolution française a passionné et influencé plus que l'Europe ! Regardez, aujourd'hui, les républiques d'Amérique latine, vous avez des devises nationales qui empruntent à la Révolution française. Mais tout cela, c'est un peu fatigué. Et aujourd'hui, la France, à cause du fait qu'elle est percutée par la mondialisation, que l'État républicain ne se retrouve plus dans une mondialisation libérale qu'il ne comprend pas, elle a un peu perdu son aura et sa singularité.

YT : Alors, justement, il y en a un qui en avait conscience, un successeur du général de Gaulle, Valéry Giscard d'Estaing, qui arrive au pouvoir en 1974. Pour l'une de ses premières déclarations, on est en plein choc pétrolier, la mondialisation

a commencé, mais c'est vraiment le premier choc de la mondialisation, cela bouscule toutes les économies, toutes les idéologies politiques d'une certaine façon. Valéry Giscard d'Estaing s'en rend compte et déclare que la France est une puissance moyenne, maintenant. Est-ce qu'on est une puissance moyenne ?
DD : D'abord, les Français ne lui ont pas pardonné d'avoir dit cela.

YT : Ils étaient atteints dans leur fierté.
DD : Vraiment. Au fond, je vais être très honnête : il aurait pu s'en tirer en disant que la France était une puissance moyenne mais qui pouvait faire de grandes choses. Les Français ne lui ont pas pardonné sa vision d'inspecteur des finances, « plus qu'un pour cent de la population mondiale », a-t-il dit, c'est une *deminutio capitis* difficilement supportable pour les Français. Dans leur inconscient, il y a cet imaginaire de la grandeur. Je pense qu'il faut assumer notre condition, un pays de taille moyenne face à des géants comme la Chine, l'Inde, les États-Unis, mais nous avons cette inventivité, cet avant-gardisme, cet universalisme qui nous permet de faire levier.

YT : La preuve, la voici :

> « C'est un vieux pays, la France, d'un vieux continent comme le mien, l'Europe, qui vous le dit aujourd'hui, et qui sait tout ce qu'il doit aux combattants de la liberté venus d'Amérique. Fidèle à ses valeurs, il veut agir résolument, avec tous les membres de la communauté internationale, il croit en notre capacité à construire, ensemble, un monde

meilleur. » Extrait de Dominique Villepin à l'ONU en février 2003.

C'est en 2003, au Conseil de sécurité de l'ONU, la France ne vote pas en faveur d'une intervention en Irak, elle ne suit pas les États-Unis et beaucoup de pays, d'ailleurs, lui en seront reconnaissants, et même dans le monde arabo-musulman, elle se trouve, pour un temps seulement, des soutiens et des alliés.
DD : Quand je voyage en Égypte ou en Allemagne, deux pays très différents, on me parle encore de ce discours. C'est le panache de la France, c'est-à-dire une capacité, au fond, à dire que nous ne sommes pas les supplétifs des États-Unis, et ce n'est pas l'universalisme…

YT : C'est gaullien, là.
DD : C'est gaullien, bien sûr. Et surtout, c'est très important de parler d'universalisme d'élévation. Le nôtre est un universalisme d'élévation par le dialogue et la raison. Ce n'est pas un universalisme de surplomb, cet universalisme néoconservateur qui consiste à larguer des bombes pour instaurer la démocratie libérale et qui écrase.

YT : Pourtant, le droit d'ingérence, c'est une invention française.
DD : Oui, mais ce n'est pas du *carpet bombing* en Irak ou ailleurs.

YT : Le droit d'ingérence c'est d'imposer les droits de l'homme ?

DD : C'est surtout de l'intervention humanitaire, venir en aide à des populations martyrisées.

YT : Les *french doctors*, Bernard Kouchner, cela fait partie, je dirais, de l'histoire de France ?
DD : Oui, il faut tout embrasser, Clovis, fête de la Fédération… Vous savez, les intellectuels français des années 1960 peuvent irriter, les Sartre, les Foucault, les Deleuze, mais ils font aussi partie du patrimoine de la France. Ils sont aussi connus et discutés que de Gaulle, et de Gaulle avait dit de Sartre, un de ses plus féroces opposants, qu'on n'emprisonne pas Voltaire. La France, c'est tout cela à la fois.

YT : Vous disiez tout à l'heure que la démocratie française était peut-être un peu fatiguée, que lui manque-t-il pour se réveiller ?
DD : Je pense qu'il lui manque de la confiance dans les institutions, mais au-delà de cette question de la confiance, dont on parle beaucoup…

YT : C'est la tarte à la crème.
DD : C'est plus qu'une tarte à la crème, c'est une réalité, mais ce qui explique la défiance, c'est l'absence d'idéal mobilisateur. La France a cette passion des idées, des idéaux.

YT : Elle n'a plus de projet ?
DD : Elle a besoin d'un idéal, c'est plus qu'un projet, c'est l'incarnation d'une idée.

YT : Quel est l'idéal qu'il lui faudrait, votre idéal ?

DD : Le mien, c'est la République écologique, c'est-à-dire la reconstruction républicaine adossée à une ambition profonde de transition écologique. Ce ne sont pas simplement des mesures techniques d'adaptation énergétique, etc., c'est un nouveau mode de vivre ensemble.

YT : Cela ne flirte pas avec la décroissance ?
DD : Pas du tout, parce que je crois qu'on créera encore de la valeur, et dans le monde de demain, on créera beaucoup de valeur grâce à cette transition.

YT : Vous avez écrit un livre qui s'intitule *Slow Démocratie*. Que faut-il changer ? Vous préconisez beaucoup de choses. Il y a trop de centralisme en France ?
DD : Je ne crois pas que ce soit le sujet. On entend beaucoup décentralisation, centralisation, girondin, jacobin : tous ces débats sont dépassés. La question, c'est comment travailler collectivement ensemble et comment poser des diagnostics et surtout des projets d'avenir qui nous rassemblent. Il y a le temps politique quotidien, les partis s'affrontent, l'opposition, la majorité, chacun est dans son rôle, mais ce dont on a besoin, c'est ce qui fait la force d'un pays comme l'Allemagne : il faut des endroits où l'on peut collectivement poser les grands diagnostics et élaborer ensemble des projets de long terme.

YT : Quels sont ces endroits, en Allemagne ?
DD : En Allemagne, vous avez un dialogue permanent entre la chancelière, les Landers, les syndicats, le patronat, vous avez un système qui s'appelle l'économie sociale de marché, qui fait que tout le monde discute à tous les niveaux. Les Allemands, quand ils prennent une décision, ils s'y tiennent

et s'y tiennent pour longtemps, ce qui fait aussi qu'ils bougent assez lentement.

YT : Il y a une formule qui apparaît sans arrêt, aujourd'hui : la démocratie participative. C'est de cela que vous parlez ?
DD : Je préfère parler de démocratie délibérative.

YT : Il faut que les politiques gardent la main ?
DD : Je pense qu'il faut que les citoyens puissent participer à l'élaboration des décisions, mais si vous êtes juste dans la consultation, que vous faites semblant d'organiser une consultation en ligne, c'est du gadget. En revanche, il faut que vous ayez, demain, un espace dans lequel vous pouvez faire se rencontrer les élus, les syndicalistes, les experts, les patrons, les citoyens tirés au sort : toutes les forces vives de la nation, pour poser des grands diagnostics sur les grands sujets de long terme. Comme l'écologie, l'aménagement du territoire, le vivre-ensemble, c'est essentiel.

YT : Cela remet en cause ce qui est beaucoup fait aujourd'hui, le rôle des élites, finalement ? Vous en êtes une, puisque vous êtes l'exemple même de la méritocratie : Normale Sup', l'ENA, l'agrégation... Est-ce que cela marche encore, d'ailleurs, l'ascenseur social ?
DD : Beaucoup moins bien qu'avant. Mon père a fait l'essentiel du chemin, je n'ai eu qu'à naître...

YT : Vous êtes un héritier ?
DD : Non, je ne suis pas un héritier. Mon père a gravi les 99 marches, et il ne m'en restait plus qu'une à gravir, en quelque sorte. Mais j'ai le sentiment que même un parcours comme

le mien, venant d'une ville de province, de taille moyenne, scolarisé dans les classes prépa, c'est de plus en plus difficile. Regardez la proportion de fils d'ouvriers et l'absence de diversité. Il faut affronter ces questions. Il faut d'autant plus les affronter que, à force de pratiquer la politique de l'autruche, on finit par donner du crédit à ceux qui nous expliquent que la République est intrinsèquement discriminatoire, raciste et inégalitaire.

YT : On va écouter une chanson, qui s'appelle *Hexagone*, d'un certain Renaud.

> *« Ils s'embrassent au mois de janvier*
> *Car une nouvelle année commence*
> *Mais depuis des éternités*
> *L'a pas tell'ment changé la France*[1]*... »*

Alors il balaie l'année, de janvier à décembre. Il a un regard très critique sur ce que font les Français, ce que fait la France, sur la France. Là, en l'occurrence, il dit qu'ils se souhaitent bonne année, que rien ne change, c'est vrai ?
DD : Elle n'a pas tellement changé, la France. C'est très joli. Je crois qu'elle a beaucoup changé, et qu'elle a été blessée par certains de ces changements.

YT : Quels changements ?
DD : On parle souvent des Trente Glorieuses, des années fastes, sur le plan de la croissance...

---

1. © Warner Chappell Music France.

YT : L'après-guerre, de Gaulle, oui.
DD : La mobilité sociale. Les salaires des ouvriers, entre 1950 et 1975, ont été multipliés par trois. Depuis, ils n'ont pas bougé. En revanche, c'est l'époque où l'on commence à construire des zones pavillonnaires, où l'on enlaidit les pourtours des villes, avec ces boîtes à chaussures, ces rocades, on a enlaidi aussi une partie de l'espace français. Je crois que cette laideur participe aussi du malheur collectif, il faut s'attaquer à ces questions. Je parlais de la République écologique tout à l'heure, ce n'est pas juste la transition énergétique, c'est aussi être capable de traiter ces questions : comment rendre notre vie collective harmonieuse, plus belle, plus agréable, plus joviale, plus sobre ? Mais de la sobriété heureuse, pas de la décroissance doloriste. C'est quelque chose d'extrêmement important et cela peut être un projet français.

YT : Ce serait votre rêve ?
DD : Cela en fait partie…

YT : Un rêve pour la France ?
DD : C'est la République écologique, mais c'est autant la République que l'écologie : il faut arriver au fond à retrouver une raison d'être ensemble. Et un projet positif, parce que, aujourd'hui, il y a des projets dans le pays, mais ce sont des projets… Moi, je ne veux pas de ces projets-là, des projets de division et de haine.

YT : Il vous arrive qu'un événement, une évocation de la France vous tire une larme ?
DD : Évidemment.

YT : Souvent ?
DD : Vous savez, j'ai un côté patriote, je l'assume ! Quand on a un prix Nobel, une médaille Fields, j'en suis heureux, cette magnifique victoire de 1998. D'ailleurs, on voit à quel point le monde a changé, on a gagné à nouveau la Coupe du Monde en 2018 et ce n'était pas la même ambiance. Il y a eu de la joie pendant quelques jours, et c'était tout. Alors qu'en 1998, la France black-blanc-beur…

YT : C'était en France, en plus.
DD : Oui, c'était en France, mais il y a eu une sorte de traîne, au fond, de joie.

YT : Alors pour vous, fils de Kabyle, elle existe, cette France black-blanc-beur ?
DD : Elle existe de fait, mais maintenant, il faut continuer à faire cohabiter, coexister une société qui est plurielle. La laïcité est une idée magnifique, c'est l'avenir des sociétés multiculturelles.

YT : Nous sommes une société multiculturelle ?
DD : Nous le sommes de fait, à quoi cela sert-il de le nier ? Il y a en France des trajectoires et des origines très variées. Il faut fabriquer du commun à partir de cela. On ne fabrique pas du commun en restant chacun dans son coin, mais pas davantage en disant qu'on n'a pas le droit de cité, que telle pensée est incompatible avec la France. On fait du commun dans l'œuvre.

YT : La France est une œuvre.
DD : Oui.

*

YT : Permettez-moi de vous soumettre à un petit questionnaire de Proust : si vous aviez un paysage ?
DD : Je dirais Marseille, ces photographies de l'exposition de la BNF, « Paysages français ».

YT : Voilà, on est où, là, dans Marseille ? On est à la porte d'Aix ?
DD : Exactement. Et à Marseille, vous savez, il y a eu cette histoire il n'y a pas longtemps : on voulait construire un parking Vinci et on a découvert – archéologie préventive – qu'il y avait des restes remontant à la Haute Antiquité. Marseille est un palimpseste, c'est une ville emblématique de la France, pour moi, c'est cette ville sur laquelle on gratte, on regratte et on construit des couches successives.

YT : Un auteur ?
DD : Victor Hugo, évidemment.

YT : Vous l'avez cité, tout à l'heure, « Choses vues », évidemment, pourquoi Victor Hugo ?
DD : Alors, vous avez le droit de me dire « pourquoi Victor Hugo », parce que c'est banal.

YT : Il y a beaucoup d'écrivains géniaux en France.
DD : Victor Hugo sait faire cohabiter le sublime et le grotesque, il le revendique, d'ailleurs, ça fait partie de son esthétique. Il sublime les cathédrales tout en nous racontant les barricades, Gavroche...

YT : Vous prenez tout, le poète, l'écrivain, le dramaturge ?

DD : Tout! Les gens qui disent que dans l'œuvre de Victor Hugo, il faut sélectionner parce qu'il a pissé de la copie, selon moi, c'est un motif de non-fréquentation.

YT : Peut-on être écrivain et homme politique, ce qu'il a été ? Il a été sénateur.
DD : Bien sûr. Si vous voulez, en France, il y a une relation entre la politique et la langue. D'abord parce que la langue française a été un vecteur d'unification du pays, mais aussi parce qu'il y a une préoccupation mutuelle des artistes et des politiques. Regardez Chateaubriand, regardez la relation qu'entretenait de Gaulle, très bon mémorialiste, avec André Malraux. Il y a une relation très forte à la langue. Je dirais que les deux arts...

YT : C'est un peuple littéraire.
DD : Les deux arts français par excellence, ce sont la littérature et l'architecture.

YT : Un personnage ?
DD : Les grands réconciliateurs. Michel de L'Hospital...

YT : Grand juriste.
DD : Grand légiste, grand serviteur, grand commis de l'État. Qui a essayé d'empêcher la guerre civile qui a traumatisé la France, qui est encore, même si les écoliers ne l'apprennent plus, dans notre imaginaire. Et au fond, de Gaulle, pourquoi garde-t-il encore cette aura ? C'est parce qu'il a sorti la France du poison de la guerre civile à deux moments catastrophiques de son histoire : 1940 et 1958.

YT : Il a eu raison, en 1945, de pas ouvrir les vannes à des règlements de comptes.
DD : Il a évité la guerre civile, tout simplement.

YT : Pour finir, une toile, une œuvre picturale ?
DD : Cézanne et la vue de l'Estaque.

YT : Près de Marseille. On est toujours dans le Midi, avec vous.
DD : C'est mon tropisme méditerranéen. Embrasser la France, c'est aussi embrasser la Lorraine, la ligne bleue des Vosges, la Bretagne, Chambord. Il y a effectivement, chez le Méditerranéen que je suis, une sorte d'héliotropisme et d'attrait pour cette région en particulier, cette lumière, absolument magnifique. Cézanne, c'est le carrefour de la peinture française.

YT : Marseille, capitale de cœur ?
DD : Oui, je crois.

YT : Ce pourrait être la capitale de la France ?
DD : Pourquoi pas ? En tout cas, ce pourrait être la capitale de la Méditerranée.

YT : Merci, David Djaïz, d'avoir répondu à nos questions et d'avoir donné votre vision de la France.

Alain Finkielkraut

(Essayiste, écrivain
et membre de l'Académie française)

*« J'aime l'idée que la France
soit une patrie féminine. »*

Avec la sortie, en 1987, de *La Défaite de la pensée*, Alain Finkielkraut a été l'un des premiers intellectuels à pointer le risque de déclin de la culture française. Il soulignait ainsi que tout ne se valait pas, une toile de maître et un graffiti de *street art*, un clip de rap et une chanson d'auteur... Notre époque, selon lui, cultivait un dangereux relativisme. Sous la plume d'un ancien maoïste, l'avertissement pouvait surprendre.

En fait, c'était le début du long combat que cet agrégé de lettres modernes, né de parents juifs polonais arrivés en France dans les années 1930, continue à mener, contre vents et marées. Il est parti en guerre contre « l'idéologie du progressisme » imposée par les héritiers de Mai 68 et dans laquelle il décèle une certaine forme d'aveuglement, de renoncement. « La gauche n'a que le mot changement à la bouche alors qu'il s'agit de sauver les meubles. Mais je ne suis pas de droite pour autant car la gauche, la droite et le centre parlent d'une seule voix : la voix de l'économie. Qu'il s'agisse des ravages du néotourisme ou de la démesure du football, nos représentants raisonnent exclusivement en termes de rentabilité », déclarait-il en 2017, dans un entretien au *Figaro Magazine*. Quatre ans auparavant, il écrivait *L'Identité malheureuse*, essai dans lequel il évoquait le sentiment de « désidentification ».

Alain Finkielkraut est devenu le maître à penser de toute une génération d'intellectuels et de journalistes, d'Élisabeth Levy à Eugénie Bastié. Il force le respect par la puissance de ses convictions et son courage à les défendre. Ce qui lui vaut parfois d'être violemment attaqué par les gardiens de la pensée politiquement correcte.

Yves Thréard : Quand la France commence-t-elle?
Alain Finkielkraut : Je ne me suis jamais vraiment posé la question. Pour ma part, je ne veux pas faire commencer la France à la Révolution française. Aujourd'hui, beaucoup le disent, beaucoup de ceux qui ont peur du concept d'identité. On aime la France pour sa devise « Liberté, Égalité, Fraternité ». Tout d'abord, un pays, ce n'est jamais seulement des valeurs. C'est aussi des paysages, des œuvres, des places, des villes, des cafés. Je me référerai à Jules Ferry.

YT : Oui?
AF : Il dit qu'il a voulu faire de tous les enfants de France des héritiers de l'histoire de France, pour les grandir de ce qui les avait précédés.

YT : Il y a quand même une discussion, des oppositions, justement, sur cette interprétation du début de l'histoire de la France, ou de la France elle-même. Il peut y avoir une instrumentalisation idéologique, vous l'avez dit, avec la Révolution – c'est une partie de la gauche qui a voulu faire cela –, mais il y a aussi – vous parliez de Jules Ferry – le fait que la IIIe République nous a enseigné « nos ancêtres, les Gaulois ». Cela faisait commencer avec une figure emblématique qui était Vercingétorix.
AF : Oui, c'était cela aussi.

YT : Oui, c'est cela.
AF : Je n'ai pas reçu cet enseignement. L'enseignement que j'ai reçu au lycée Henri-IV, c'était plutôt nos ancêtres les Romains. C'est par le latin que nous nous sommes formés, et assimilés. Bien entendu, la question de l'instrumentalisation se pose dans tous les sens. Les Républicains d'aujourd'hui, à la différence de Jules Ferry et de ceux de la IIIe République, croient être traumatisés par la Seconde Guerre mondiale, le génocide. Ils pensent que la formation d'un “nous” ne va pas sans exclusion d'un “eux”. Cela me paraît une fausse mémoire, parce que la Seconde Guerre mondiale, ce n'était pas l'apothéose des nationalismes. C'était, comme l'a très bien montré Raymond Aron, dans la période même : « Nations libres contre empires tyranniques. »

YT : Oui.
AF : Ce sont des nations qui se sont élevées contre la fureur impérialiste d'Hitler. Je ne vois pas pourquoi les nations devraient avoir honte d'elles-mêmes. Elles devraient avoir

honte de leur propre abdication, notamment sous la forme du pétainisme.

YT : La nation française s'est-elle perdue aujourd'hui dans la mondialisation ?
AF : Je ne dirais pas qu'elle s'est perdue dans la mondialisation. Elle risque de se perdre dans une sorte d'autocritique forcenée. Certes, la France, dans la mondialisation, peine à trouver sa place, mais il y a plus grave que cela. Il y a l'idée que toute affirmation d'une identité nationale risque de relever de la discrimination et du racisme à une époque de migration, et à une époque où, sous l'effet, effectivement, de la Shoah, de l'Holocauste, la seule religion que l'on veut bien admettre, c'est celle de l'humanité.

YT : On va en parler. D'abord, je voudrais vous citer une phrase, que vous connaissez évidemment, d'un homme qui a laissé une grande trace dans l'histoire, c'est Marc Bloch. Comment interprétez-vous cette phrase ?

> « Il est deux catégories de Français qui ne comprendront jamais l'histoire de France, ceux qui refusent de vibrer au souvenir du sacre de Reims ; ceux qui lisent sans émotion le récit de la fête de la Fédération. »

AF : Elle est absolument…

YT : Déterminante !
AF : Écrite pendant la guerre, en 1940, quand Marc Bloch s'interroge sur les raisons de l'effondrement français. Le problème de la France pétainiste, ce n'est pas l'affirmation

exacerbée de l'identité nationale, ou le nationalisme, comme certains l'affirment, c'est l'effondrement de la nation. D'où vient cet effondrement ? Il s'interroge sur le fait que les uns choisissaient une partie de l'histoire, et les autres une autre partie. Je pense, en lisant cette phrase, à une autre phrase que j'ai toujours trouvée bouleversante, c'est celle de Péguy : « La République, une et indivisible, notre royaume de France. » Ce sont des penseurs, avec Jules Ferry, de la continuité. Certes, la Révolution est une rupture, mais il y a une continuité, et nous sommes les héritiers de cette continuité française.

YT : Dans cette phrase, il n'y a pas non plus ce qui peut transpirer, une espèce d'élan national… On est ému par le baptême de Clovis, et on est ému par cette fête de la Fédération qui signifie justement un changement radical, à laquelle même Louis XVI assiste ! Il y a cet élan national.
AF : Oui, il y a cet élan dans les deux cas. Il y a également de l'élan autour de Jeanne d'Arc, qui est aussi une héroïne, notamment pour Péguy. C'est surtout cette idée que la France, c'est, comme le disait Renan, « un héritage de gloire et de regrets » qu'il faut pouvoir prendre *indivis*, mais c'est aussi un consentement à vivre ensemble. C'est, disait-il, un plébiscite de tous les jours. Le grand problème de la France, aujourd'hui, c'est que ce plébiscite n'existe plus.

YT : Nous allons écouter quelqu'un qui avait une certaine idée de la France, vous voyez très bien à qui je fais référence, et le voici :

> « Je me fais en effet de la France une certaine idée. Je veux dire par là qu'à mon sens, elle est quelque chose de très grand, de très particulier. C'est, du reste, je le pense, ressenti par le monde entier [...] C'est vrai, la France est une chose, à mes yeux, très considérable, très valable. Et elle doit avoir dans le monde quel qu'il soit, à toute époque, naturellement d'après les circonstances, elle doit avoir un rôle à elle. Il faut que la France joue son rôle, c'est exact. Et pour qu'elle joue son rôle, il faut qu'elle soit la France. Les Français. Les Français, c'est eux qui font la France. C'est eux qui en sont responsables [...] La France est plus que les Français du moment. La France vient de loin. »

Nous sommes le 13 décembre 1965, c'est l'élection présidentielle, la première au suffrage universel direct. C'est l'entre-deux tours, et il est interrogé par Michel Droit, qui lui rappelle cette phrase des *Mémoires de guerre*. Il dit beaucoup de choses intéressantes. Notamment : « Les Français ont une responsabilité. »
AF : Oui, c'est très beau, c'est-à-dire que l'héritage n'est pas une hérédité. La France est entre nos mains. Nous pouvons laisser tomber. Nous avons une responsabilité, c'est à nous d'assumer la France, de continuer son histoire. Si j'avais à choisir aujourd'hui, je choisirais plutôt, pour qualifier mon propre sentiment, et peut-être aussi la situation objective de la France, la philosophe Simone Weil contre le général de Gaulle. De Gaulle déclare : « La France ne peut être la France sans la grandeur. » Simone Weil s'oppose déjà à cette idée de grandeur, et élabore une notion tout à fait étrange : le patriotisme de compassion. Tendresse pour

une chose belle, précieuse, fragile et vulnérable. C'est le cas aujourd'hui. La France est en train de devenir une petite nation. Au sens que donnait Milan Kundera, dans un article extraordinaire qui s'intitule « Un Occident kidnappé, la tragédie de l'Europe centrale », et où il dit : « L'Europe centrale est formée de petites nations. » Ce n'est pas une notion géographique, c'est une notion existentielle. Une nation dont l'existence peut être remise en question, et qui le sait, dont l'existence ne va pas de soi. Le premier vers de l'hymne national polonais, c'est : « La Pologne n'a pas encore péri. » Vous imaginez cela pour l'Angleterre ? Pour la France ? Vous imaginez cela pour l'Espagne ? Non. Ce sont des nations bien assises, mais ce n'est plus vrai ! D'abord, parce qu'il y a un changement démographique, qui fait que la continuité historique n'est certainement pas assurée.

YT : Oui.
AF : Et il y a, aussi, un désaveu de la France par elle-même : une francophobie française, un oubli jusque dans l'école, jusque dans l'éducation, dans la culture qui a fait la France. La France se vide elle-même de sa propre culture.

YT : C'est ce que vous dénonciez dans un livre qui avait fait grand bruit, *La Défaite de la pensée*, et vous préveniez, à l'époque – depuis, cela s'est largement aggravé – d'un relativisme où l'on mettait tout sur le même plan, c'est exact ?
AF : Oui, c'est vrai. Il y avait un relativisme et même un certain nihilisme, inspirés d'ailleurs par un de nos principes les plus fondamentaux : l'égalité. L'égalité elle-même peut devenir folle.

YT : On l'a dévoyé, ce principe ?
AF : Elle est dévoyée. Nous sommes passés, peu à peu, de l'égale dignité des personnes à l'idée d'une égalité de toutes les façons d'être, et donc de toutes les cultures en disant, au demeurant, que tout est culturel. Cet égalitarisme a tué l'école. On le voit bien, par exemple, dans les réformes des grands concours. On dit qu'il faut accueillir la diversité. Pourquoi pas ? Qu'on le fasse en respectant les critères de la méritocratie. Je n'y vois évidemment aucun inconvénient. Que l'on sacrifie la méritocratie, c'est embêtant, mais surtout, on va dire : pour que tout le monde soit à égalité devant les épreuves, les examens et ce qui reste des concours, on va éliminer les matières discriminantes. La première matière discriminante, c'est la culture générale. Quand vous naissez dans une famille bourgeoise – il en reste peu, il y en a encore –, avec un piano, une bibliothèque et un abonnement à la Comédie Française, vous êtes mieux armé pour la culture, pour la littérature, que si vous naissez dans une famille immigrée. Je suis né dans une famille immigrée, pas la même immigration, je le sais bien, mais j'ai bénéficié d'une école qui m'a permis de combler l'éventuel handicap qui était le mien. Maintenant, on nous dit : « Non, cela devient une matière discriminante. » La France se chasse d'elle-même pour être plus accueillante et cela m'inquiète énormément.

YT : Nous n'assumons plus notre héritage ?
AF : Non. On n'assume plus notre héritage, précisément, au nom des plus belles valeurs, l'universel, l'égalité, et à un moment où, en plus, il y a une très sévère crise de l'intégration. Il y a un ennemi du dehors, c'est-à-dire une

francophobie, qui s'installe chez certains immigrés – pas tous – et une francophobie endogène qui consiste à dire : « La France est trop étroite, la France, c'est un concept, en soi, discriminatoire et on va le déconstruire. » On le déconstruit savamment dans les universités, dans les instituts de recherche, etc.

YT : La faute aux élites ?
AF : Oui, d'une certaine manière. C'est-à-dire qu'il y a une double évolution. Il y a une classe dirigeante qui n'est plus la bourgeoisie. La culture, d'une certaine manière, les encombre, aujourd'hui. Les leçons de piano, etc., la distinction. Bourdieu avait voulu réduire la culture à la distinction et il y a les classes dirigeantes qui enlèvent la cravate, comme moi – et on a peut-être tort – et qui disent : « On n'en a rien à faire de tout ça, la musique, c'est le rap, c'est très bien », et qui se croient émancipées précisément parce qu'elles ne forment plus une classe cultivée. D'un autre côté, il y a l'élite intellectuelle qui cherche – je le dis et d'autres l'ont dit avant moi – une sorte de prolétariat de substitution qu'elle trouve dans les autres cultures, dans l'immigration.

YT : La gauche a-t-elle oublié le peuple pour les minorités ?
AF : Dans une déconstruction éperdue de l'identité nationale. C'est une trahison des élites, mais à l'inverse de celle que dénonçait Julien Benda, nous oublions l'universel au profit du particulier, nous oublions ce que la France a de spécifique, aujourd'hui, au profit du multiculturalisme et d'une idée fallacieuse de l'universel.

YT : Il y a un principe qui est énormément discuté dans la société française et qui a, d'une certaine façon, fondé la société moderne et la France moderne, c'est la laïcité, qui consiste à séparer les églises et l'État. Ce principe, aujourd'hui, est violemment remis en question, attaqué, notamment par l'islam, en tout cas par ceux qui prônent la pratique la plus radicale de l'islam. Est-ce que vous pensez que c'est une remise en question de ce qu'est la France ?
AF : Oui, d'autant plus que ce n'est pas que l'islam, ce sont les pays anglo-saxons.

YT : Qui ne comprennent pas.
AF : Tous les pays qui ont choisi la voie du multiculturalisme et qui regardent la laïcité à la française comme une forme, encore une fois, de discrimination et de racisme. Ils plaident pour une laïcité ouverte qui n'est plus la laïcité, mais dans le monde anglo-saxon, fort heureusement, tout le monde ne pense pas la même chose. J'ai apporté un livre de Saul Bellow, un grand écrivain américain qui a obtenu un prix Nobel. Il écrit : « Pourquoi, depuis des siècles maintenant, Paris attire-t-il tant l'attention ? Tout simplement parce que c'est la ville sainte de la laïcité. *Wie Gott in Frankreich.* Ainsi, les juifs d'Europe centrale résumaient-ils le parfait bonheur. Comme Dieu en France. Cette expression m'a longtemps intrigué et je crois pouvoir maintenant l'interpréter. Dieu serait parfaitement heureux en France parce qu'il n'y serait pas dérangé par les prières, rites, bénédictions et demandes d'interprétations de délicates questions antithétiques. Environné d'incroyants, lui aussi pourrait se détendre le soir venu, tout comme des milliers de Parisiens dans leur café préféré. Peu de choses sont plus agréables, plus civilisées

qu'une terrasse tranquille au crépuscule. » C'est magnifique et ça a été extraordinairement d'actualité après les attentats, parce que quel a été le slogan ? Quel était le cri du cœur des Parisiens et des Français ? « Nous sommes en terrasse. »

YT : L'art de vivre.
AF : C'est un art de vivre, c'est une culture que l'on peut très bien coiffer sous le nom de laïcité. Cet art de vivre est incompris par certains, et gravement menacé par d'autres.

YT : Vous diriez que la société française est une société multiculturelle ?
AF : Elle l'est. Elle tend à le devenir, mais je ne crois pas qu'elle doive faire de cette réalité son idéal. Il existe une culture française, ou plutôt une contribution française à la culture, cette culture française doit être donnée à tous. C'est ça, l'assimilation. Ce n'est pas de fondre tout le monde dans un même moule. C'est accueillir, c'est une certaine idée de l'hospitalité. Or, une autre idée de l'hospitalité se forge aujourd'hui, c'est l'auberge espagnole. Vous arrivez avec ce que vous avez et ce que vous êtes. Ce n'est pas du tout la même chose. Je crois beaucoup aux vertus de l'assimilation.

YT : Justement, il y a eu un épisode, dans l'histoire tout à fait récente, en 1989, et beaucoup de choses, d'ailleurs, sont parties de là. Ce sont trois jeunes filles. L'épisode de Creil. On regarde.
Extrait d'une vidéo :

> « L'objet du délit : le foulard. Plus précisément le zif marocain que portent Fatima et Leïla, selon leurs convictions

musulmanes. Je crains Dieu. Je ne crains personne, sauf Dieu. Je porterai mon foulard jusqu'à ma mort. Le problème ne vient pas des croyances, le problème vient de la manifestation extérieure de ces croyances dans l'enceinte des locaux scolaires, et notamment en classe. »

Rien ne s'est passé immédiatement après. Il y a eu le cri d'alarme du proviseur, il a fallu attendre une loi, en 2004, qui justement a interdit les signes religieux dans les établissements scolaires.
AF : Oui.

YT : Beaucoup de choses partent de là et le manque de courage aussi...
AF : Et d'ailleurs... Avec Élisabeth Badinter, Régis Debray, Élisabeth de Fontenay et Catherine Kintzler, je suis intervenu par un manifeste que le *Nouvel Observateur* a bien voulu publier : « Profs, ne capitulez pas. » Tout le monde nous est tombé dessus. Tout le monde à gauche, mais il y a eu aussi, à ce moment-là, une alliance des clergés ; les catholiques, les protestants même disaient : « Attention, qu'est-ce que cela veut dire ? Pourquoi vous en prenez-vous à ces jeunes filles ? » On a parlé de racisme, et quand est apparu Ernest Chénière, le directeur de l'établissement scolaire de Creil, ils ont été un peu gênés parce que ce n'était pas le beauf qu'ils attendaient. Lionel Jospin a refusé de prendre position, il en a référé au Conseil d'État qui a à peu près donné raison aux jeunes filles. Il a fallu attendre 2004 pour qu'une décision soit prise à l'issue d'une consultation de la commission Stasi. Les membres de cette commission étaient, comme Stasi, hostiles à l'interdiction, au départ. Bernard

Stasi, démocrate-chrétien. Il y avait Alain Touraine. Tous disaient non, mais ils ont été convaincus d'abord par un certain nombre de proviseurs qui se disaient déconcertés par ce qui arrivait et qui voulaient une loi claire, mais aussi par des jeunes filles qui les ont suppliés d'avoir une attitude intransigeante, précisément parce que l'école leur permettait d'enlever le voile. L'école les libérait du voile. Et c'est forts de cet argument que nous nous sommes dit : « Non, nous avons un autre rôle à jouer, nous avons un rôle d'émancipation. » Le voile islamique entérine une forme d'inégalité. Cependant, pour n'avoir l'air de stigmatiser personne, les juifs ont été amenés à sacrifier la kippa.

YT : Vous l'avez rappelé tout à l'heure, votre famille est arrivée d'Europe centrale. Vous êtes l'incarnation de ce qu'était l'intégration dont vous parliez, l'ascenseur social, vous avez réussi Normale Sup', l'agrégation… Vous êtes nostalgique de cette période-là ?
AF : Enfin, j'ai réussi Normale Sup' Saint-Cloud. J'ai raté Ulm, donc j'ai raté quelque chose.

YT : Je sais qu'entre Normaliens, il y a la guerre.
AF : Si je disais « Normalien », les Ulmiens enverraient un mot de protestation immédiat à votre chaîne de télévision, donc il faut dire les choses comme elles sont. J'avais la hantise des concours. Je suis nostalgique d'une période, qui était encore celle de Péguy et de Camus, où l'école vous donnait tout ce qu'elle pouvait vous donner, où la culture française ne faisait pas honte, où on vous la transmettait, et où on vous tendait la main. Je pense que dans l'école telle qu'elle fonctionne

aujourd'hui, je n'aurais pas bénéficié de cette chance, et je ne sais pas ce que je serais devenu.

YT : Est-ce que cette chanson de Charles Trenet, vous la faites vôtre, ou non ? Elle n'existe plus, cette France-là ?

> *« Douce France*
> *[...] Mon village, au clocher, aux maisons sages*
> *Où les enfants de mon âge*
> *Ont partagé mon bonheur*[1]*. »*

AF : Non, mais ce n'est pas tout à fait une chanson pour moi. La France est devenue chère à mon cœur assez tardivement. Pour moi, au départ, la France ne représentait pas grand-chose. C'était moins une identité qu'une carte d'identité. Je ne raisonnais pas en ces termes. Puis, quand j'ai fait de la politique, j'ai traversé la période gauchiste, on était immédiatement universalistes.

YT : Et vous avez changé.
AF : J'ai changé à partir du moment où je me suis rendu compte que la France était fragile, que nous allions peut-être entrer dans une sorte d'après France. À ce moment-là, je me suis dit qu'il y avait quelque chose que je ne voulais pas perdre.

YT : Il faut la défendre ?
AF : Vous redevenez français face, notamment, à la menace que l'écriture inclusive fait peser sur la langue. L'écriture

1. © Salabert.

inclusive est maintenant pratiquée dans toutes les universités. Vous recevez des messages absolument délirants, que l'on ne peut plus lire, que l'on ne peut plus comprendre. Il y a une espèce de coupure où l'on veut démasculiniser…

YT : Et vous avez un rôle à jouer…
AF : On se sépare de la langue de Madame de Sévigné.

YT : Vous êtes à l'Académie française. Vous avez un rôle.
AF : Oui. Mais l'Académie française dit que l'écriture inclusive fait peser un péril mortel à la langue, et vous avez une humoriste, sur une station, qui vous explique que le seul péril mortel à l'Académie française, c'est la prostate des académiciens. L'Académie française n'est pas une autorité, c'est un objet risible pour les humoristes, les amuseurs professionnels. C'est ça, l'Académie française.

YT : Quand on évoque la France, ou un événement où la France est en jeu, cela vous émeut ?
AF : Ce qui peut me faire pleurer, c'est de voir la France disparaître. Flaubert disait : « J'écris pour tous les lecteurs qui se présenteront tant que la langue vivra. » Il se disait que la langue est peut-être mortelle. Ce qui me fait pleurer, c'est l'idée que la France elle-même soit mortelle.

YT : Vous avez un rêve pour la France ?
AF : Oui, qu'elle existe encore après moi. Que nous ne mourrons pas ensemble.

*

YT : Permettez-moi de vous soumettre à un petit exercice qui est inspiré du questionnaire de Proust. Si la France était un paysage, lequel choisiriez-vous ?
AF : Je choisirais un des tableaux d'Eugène Boudin que l'on trouve au Havre : *Les vaches*, je l'adore.

YT : Pourquoi *Les vaches* ?
AF : Je trouve que c'est l'animal innocent par excellence. La vache ne ferait pas de mal à une mouche. Les mouches qui l'importunent, elle les chasse de la queue, mais sans conviction. J'adore les herbivores. On peut être fasciné par les grands fauves ou par les aigles, c'est ce que les nobles choisissent pour leurs blasons. Si j'avais un blason, ce serait la vache. Justement, j'aime bien le fait que Nietzsche, à chaque fois qu'il voyait une vache, disait : « Bonjour, mademoiselle. »

YT : Si c'était une toile ? C'en était déjà une, mais c'était pour le paysage.
AF : *L'élégante* de Vuillard. Cette robe fourreau...

YT : C'est français, ça ?
AF : Oui, comme dit Mona Ozouf, c'est la France comme patrie féminine. Cette femme de dos, cette silhouette absolument extraordinaire, qui regarde on ne sait quoi, ce qui va entrer, etc. C'est le mystère, c'est l'élégance. J'aime l'idée que la France soit une patrie féminine et j'aime cette image absolument merveilleuse de l'élégance qui donne à rêver. Il y a tout un scénario dans cette attente.

YT : Vous avez un personnage qui, pour vous, incarne la France ?
AF : Le personnage historique auquel je suis le plus profondément attaché, c'est Condorcet.

YT : Un mathématicien.
AF : Un homme des Lumières qui a fait la Révolution. Il est le lien entre la philosophie des Lumières et la Révolution, il est aussi la victime de la Révolution. Pourquoi ? Il est à Clamart, les Girondins sont persécutés. Il se rend dans une auberge, il commande une omelette de douze œufs, je crois, neuf ou douze œufs, et il a un volume d'Horace dans sa poche arrière. Horace, plus une omelette de douze œufs, ça fait le ci-devant, ça fait le riche, le bourgeois. Il est arrêté et meurt en prison, mais de toute façon, on lui aurait coupé la tête. Horace, la culture et les œufs. La haine des riches, de la culture, tout ce que deviendra le totalitarisme. Il annonce l'horreur du nouveau monde et il fait aussi le lien entre les Lumières et la Révolution, il incarne tout ce que la Révolution a eu d'authentiquement libérateur.

YT : Pour finir, avez-vous un auteur, un écrivain ?
AF : J'ai choisi Paul-Jean Toulet, un poète

YT : Il n'est malheureusement pas assez connu.
AF : Pas assez connu, ni admiré. Je vais lire quelques vers.

« Ô, France, et vous Ile de France,
Fleurs de pourpre, fruits d'or,
L'été lorsque tout dort,
Pas légers dans le corridor. »

C'est admirable d'émotions et de retenue tout à la fois. L'émotion et la retenue mêlées, je pense que cela dit quelque chose de l'art français.

YT : Merci, Alain Finkielkraut.
AF : Merci à vous.

Yves de Gaulle

(Entrepreneur, ancien haut fonctionnaire, petit-fils du général De Gaulle)

« *La France doit être un pays non aligné.* »

Yves de Gaulle est, selon moi, un aussi fin observateur de la société française que son grand-père en était l'un des plus brillants acteurs. Cet homme extraordinairement sympathique aurait pu être écrasé par le poids de son héritage et de son nom. C'est, au contraire, un esprit singulier et libre, ce que révèle cet entretien, mais aussi les deux livres qu'il a consacrés au héros de la Résistance. Dans *Un autre regard sur mon grand-père Charles de Gaulle*, publié chez Plon en 2016, il tente de cerner le tempérament d'acier du grand homme à travers ses racines culturelles. On parcourt, en quelque sorte, les rayonnages de la bibliothèque de La Boisserie. On retient que la littérature antique y occupe une place de choix. Dans *Ma République*, sorti aux éditions de l'Observatoire en 2019, Yves de Gaulle se met cette fois dans la peau du personnage, du jour de sa naissance à celui de sa mort.

Énarque et ancien magistrat de la Cour des comptes, Yves de Gaulle a aussi travaillé dans le secteur privé, y compris à l'étranger. Son expérience lui a forgé une idée de la France qui n'a rien de nostalgique et qui n'est pas cramponnée à celle que s'en faisait le Général. Emmanuel Macron serait, selon lui, parmi tous les successeurs de ce dernier, le plus proche. Qui l'eût cru ! Yves de Gaulle n'est pas inquiet pour l'avenir de son pays. Il dit qu'il connaît les « essors les plus somptueux » lorsqu'il s'approche de l'abîme. La formule porte un panache très gaullien !

Yves Thréard : Yves de Gaulle, n'y a-t-il de France que grâce à l'État ?
Yves de Gaulle : Historiquement, oui. Après l'unité du royaume et Philippe Auguste, il y a eu une unité de l'État avec Philippe Le Bel et, peu à peu, cette machine s'est construite sous l'autorité des rois, certains bons, d'autres moins.

YT : Philippe Auguste, Louis XI peut-être, Philippe Le Bel avant.
YG : Oui, Philippe Auguste, Philippe Le Bel, pour poser les fondements. Cette construction s'est faite peu à peu avec des péripéties innombrables, en particulier contre les féodalités. À un moment, il a fallu passer à un stade que, du temps de Saint Louis, on ignorait complètement : à savoir que l'État, il fallait qu'il vive, l'administration, cela coûte. Il a fallu inventer des dispositifs pour que le roi puisse faire fonctionner une administration, un État, un gouvernement, au-delà des seules ressources de ses propres domaines.

YT : La nation a précédé l'État ?
YG : Le royaume a précédé l'État et le sentiment national est venu plus tard. Le sentiment national est difficile à construire, mais l'on admet généralement qu'il a commencé véritablement à s'installer avec la guerre de Cent Ans. Jeanne d'Arc a contribué à cela, elle a réuni autour d'elle une communauté d'adhésion d'une grande partie de la population, qu'elle rencontrait en allant de ville en ville. Elle a beaucoup voyagé ! Elle donnait le sentiment d'une appartenance à une communauté, qui ne s'appelait pas encore la nation française, mais qui commençait à y ressembler.

YT : Vous avez cité plein de noms, Philippe Auguste, Philippe Le Bel, Jeanne d'Arc, vous auriez pu citer du Guesclin. Il faut un homme ou une femme forte pour incarner ce pays, pour tenir ce pays ?
YG : C'est une question assez compliquée. Je crois qu'il y a des individus dans l'histoire, des hommes, des femmes, à un moment donné, pour des raisons d'ailleurs tout à fait impossibles à éclairer, qui sont capables de courber l'espace-temps qui les entoure, de leur donner une direction et de conduire une population, un pays, dans une direction qui, apparemment, n'apparaissait pas comme étant la plus probable.

YT : Est-ce une singularité française ?
YG : Je ne crois pas.

YT : On dit souvent que la France, à tort d'ailleurs, est une monarchie républicaine. Ce serait plutôt une république monarchique. C'est vrai ?

YG : Si on fait référence à la Ve République qui est une construction et qui, dans la tête du général de Gaulle, a mis cent soixante-dix ans à émerger après la Révolution française, pour enfin permettre à la France de disposer de la constitution qui était la sienne, en effet, c'est un régime présidentiel à caractère parlementaire ou l'inverse d'ailleurs. On peut intervertir. Effectivement, il y a un homme au-dessus. Et puis le reste, qui est issu de ce que l'on appelle les représentants de la nation. C'est ce dialogue-là, cette articulation-là qui fait la spécificité de ce pays, et ce qui fait que le système français est un peu unique.

YT : Car nous avons cette histoire et cet héritage ?
YG : Cela en découle largement.

YT : Ce n'est pas le cas de l'Italie, de l'Allemagne.
YG : Non. On a coupé la tête du roi, mais avec une nostalgie immense qui n'a jamais cessé de perdurer. Simplement, ce qui a changé – en caricaturant – c'est que le roi aujourd'hui on l'élit, alors qu'autrefois, ce n'était pas le cas.

YT : Il y a quelqu'un qui a peut-être résumé tout ça. Il s'appelle Marc Bloch, dans *L'Étrange Défaite*, écrit en 1940, mais qui n'a été publié qu'après la guerre.

> « Il est deux catégories de Français qui ne comprendront jamais l'histoire de France, ceux qui refusent de vibrer au souvenir du sacre de Reims ; ceux qui lisent sans émotion le récit de la fête de la Fédération. »

Vous adhérez à cela ?

YG : Totalement. Je suis tout à fait affolé par cette idée consistant à affirmer que notre histoire commence avec la Révolution française, ce qui a été assez largement le cas dans l'enseignement de mon enfance. On disait : « L'histoire de France commence à la Révolution. » Ce qui s'est passé avant était une grande zone obscurantiste.

YT : La faute à qui ? La faute aux grandes figures de la IIIe République qui nous ont appris l'histoire ? Ils nous ont quand même appris à connaître nos ancêtres les Gaulois.
YG : Ils nous ont appris l'histoire mais, sous la IIIe République, on ne nous a pas appris que l'histoire de France commençait à la Révolution française. Je crois que c'est la dérive marxienne qui a succédé à tout cela, qui a consisté à dire qu'il n'y avait qu'un seul horizon qui, lui, était indépassable. C'est un horizon dans le passé qui commence avec la Révolution française, comme si tout avait été fondé à partir de cet événement.

YT : Ce basculement, vous le mettez dans les années 1970 ?
YG : J'ai vécu comme étudiant dans une période où la faculté était dominée, voire écrasée, par le marxisme omniprésent et d'une intolérance absolue.

YT : Une certaine idée de la France, c'est quelqu'un que vous connaissez bien. C'est également le début de ses *Mémoires de guerre* et c'est aussi ceci :

> « Je me fais en effet de la France une certaine idée. Je veux dire par là qu'à mon sens, elle est quelque chose de très grand, de très particulier. C'est, du reste, je le pense,

> ressenti par le monde entier [...] C'est vrai, la France est une chose, à mes yeux, très considérable, très valable. Et elle doit avoir dans le monde quel qu'il soit, à toute époque, naturellement d'après les circonstances, elle doit avoir un rôle à elle. Il faut que la France joue son rôle, c'est exact. Et pour qu'elle joue son rôle, il faut qu'elle soit la France. Les Français. Les Français, c'est eux qui font la France. C'est eux qui en sont responsables [...] La France est plus que les Français du moment. La France vient de loin. »

C'était entre les deux tours de la première élection présidentielle au suffrage universel direct. On est le 13 décembre 1965. Et le général de Gaulle répond à Michel Droit, qui lui demande : « Au fait, qu'est-ce qu'une certaine idée de la France pour vous ? » Beaucoup de Français se posent la question et il parle des Français. Le Général répond : « Les Français sont responsables. » Les Français sont-ils responsables du destin de leur pays ?
YG : Complètement. Ce sont eux qui ont fait la France. Ce qu'ajoute le général de Gaulle, c'est que ce ne sont pas seulement les Français d'aujourd'hui, mais les Français d'hier et les Français d'aujourd'hui qui pensent à ce que sera la France de demain.

YT : Oui. On a cette conscience-là ?
YG : Je ne sais pas si on l'a, mais le général de Gaulle, lui, l'avait profondément. Pour chacun de nous, c'est une autre histoire. C'est une combinaison intergénérationnelle, qui remonte très, très loin dans le temps, et dont il faut conserver la conscience. Je crois que si l'on n'intègre pas ça, on ne

peut pas se représenter cette certaine idée de la France sans rigoler. Tout le monde nous dit, à commencer d'ailleurs par un ancien président de la République : soyons raisonnables, la France n'est qu'une puissance moyenne.

YT : Valéry Giscard d'Estaing.
YG : Oui. La France n'a plus du tout le rôle qu'on a bien voulu faire croire qu'elle avait.

YT : Il avait tort ?
YG : Il avait à la fois raison et tort. Il avait raison parce que, effectivement, la France de la fin des années 1970, ce n'est pas la France de Louis XIV, ce n'est pas le Grand Siècle. Et en même temps c'est plus qu'un numéro N dans la répartition de la richesse mondiale mesurée en termes de PIB.

YT : Le président de Gaulle parle des Français, mais il parle de la France aussi, cette « chose » assez « valable ». Est-ce qu'aujourd'hui, les femmes et les hommes qui nous gouvernent parlent encore de la France ? Ils parlent aux Français, mais ont-ils un projet pour la France ?
YG : Grosse question. Il y a d'abord celle de savoir si l'on a un projet pour la France, mais, en amont, il y en a une autre, que l'on a oubliée et qui était totalement vivace quand nous étions plus jeunes : c'est que la politique est « la science qui prédomine toutes les autres ».

YT : Oui.
YG : En particulier l'économie. Aujourd'hui, on fait l'inverse. Une discipline domine, c'est la volonté politique.

YT : Ce qui veut dire que l'on a fait dominer l'économie sur la politique ? On évoque la France avec des statistiques, le produit intérieur brut, au lieu de soigner son âme ? De flatter son âme d'ailleurs ? Ou de lui donner un projet ? C'est ce que vous dites ?
YG : Ce n'est pas illégitime de s'intéresser à l'économie. On ne fait pas de grande politique si l'on n'a pas les moyens de la réaliser. Il faut une correspondance entre les deux. C'est une caractéristique du général de Gaulle par rapport à d'autres grands personnages, comme Napoléon.

YT : La politique ne se fait pas à la corbeille.
YG : Non, mais si la corbeille n'est pas fournie, vous n'avez aucune chance de faire une politique quelconque. Ce n'est pas illégitime, mais si la France n'est pas autre chose que la somme des richesses individuelles, alors nous n'avons rien à raconter, nous n'avons pas d'histoire à donner, nous n'avons pas de sens à transmettre aux uns et aux autres. Si l'on n'a pas de sens, on est en déclin irrémédiable. De toute façon, sur la richesse nationale relative par rapport aux autres, c'est un combat perdu, on ne peut que descendre. Alors, en termes de richesse par habitant, on est encore loin d'être dans les tréfonds, mais c'est perdu d'avance.

YT : Ce qui nous reste, c'est notre idée de nous-mêmes ?
YG : La devise de la République sur laquelle on glose beaucoup reste extraordinairement profonde.

YT : Elle est respectée ? On en prend soin ? On la câline ?
YG : On ne la câline pas, on la dévoie un peu. Ma vision personnelle est que l'on a probablement oublié quelques

fondamentaux. La liberté, c'est le respect de l'ensemble des libertés individuelles, à condition de ne pas chercher à les hiérarchiser les unes avec les autres. Ce que, aujourd'hui, on a beaucoup tendance à faire.

YT : Par exemple ?
YG : Certaines grandes instances comme le Conseil constitutionnel, quand il prend des décisions.

YT : Il n'est pas à sa place ?
YG : Je n'ai pas dit cela. J'ai dit que, quand il décidait qu'une liberté individuelle avait plus d'importance qu'une autre, il prenait un parti qu'il ne démontrait pas, qui pouvait être discuté.

YT : C'est le général de Gaulle qui l'a créé.
YG : Il l'a créé pour contrôler la constitutionnalité de la loi.

YT : Or, aujourd'hui, c'est devenu…
YG : C'est devenu une instance qui, après avoir intégré en 1971 ce que l'on a appelé le bloc de constitutionnalité – c'est-à-dire, pour simplifier, l'ensemble des libertés publiques, la déclaration des droits et, avec les traités européens, la déclaration européenne –, se prononce sur les libertés publiques. C'est très bien de se prononcer sur les libertés publiques, sauf qu'au départ, ce n'était pas la Constitution de la France au sens strict. Les juges constitutionnels s'arrogent un droit différent, qu'il faut manier avec énormément de prudence. Ce n'est pas facile de dire qu'une liberté vaut mieux qu'une autre.

YT : Et l'égalité ?
YG : L'égalité, dans l'esprit du général de Gaulle, c'était l'égalité des droits et l'égalité des devoirs, plus que l'égalité des chances, sur laquelle aujourd'hui on se focalise de manière totalement exclusive. Et la fraternité, c'est le refus de toute exclusion. Tous les mots en « isme », les particularismes, le communautarisme, tous ces mots qui auraient fait horreur à Charles de Gaulle, sont à exclure.

YT : Qui habitent aujourd'hui le pays.
YG : Complètement.

YT : On va d'un « isme » à l'autre.
YG : Oui, alors qu'il faut se recentrer sur ce qu'il y a derrière la fraternité, c'est-à-dire la reconnaissance de l'autre et peut-être un peu enfin, on l'a complètement oublié, mais de bienveillance.

YT : Mot que le président de la République actuel, Emmanuel Macron, répète. C'est un gaulliste, Macron ?
YG : Ses références au général de Gaulle sont très profondes. Qui pourrait s'en défaire ? C'est clair. Il y a des contrepoids absolus comme François Mitterrand, mais tous les autres ne peuvent pas considérer que cette partie-là de l'histoire, on peut la laisser de côté.

YT : C'est le plus gaulliste des présidents de la Ve République ?
YG : Je pense que oui.

YT : C'est intéressant, venant de vous.
YG : C'est le plus gaulliste dans l'esprit.

YT : Et de Gaulle, c'est la France ?
YG : De Gaulle, c'est un moment de l'histoire de la France : il a incarné la France. Il l'est plus que Pompidou, qui a été, pour moi, le premier président de la République à abîmer la Constitution.

YT : D'accord.
YG : Avec le vote par le Parlement d'une loi qui a été votée pour la réduction du mandat présidentiel à cinq ans.

YT : En quelques secondes, le président de Gaulle dit beaucoup de choses : « La France a un rôle à jouer dans le monde. » Elle l'a encore, ce rôle ? Elle le joue, ce rôle ?
YG : Est-ce qu'elle le joue, c'est un autre sujet. Est-ce qu'elle a encore un rôle à jouer ? J'en suis convaincu. La France, dans la lignée de ce qu'a cherché à faire le général de Gaulle, ce doit être – ce qui n'exclut absolument pas les coopérations, les unions, les traités, etc. –, ce doit être un pays non aligné.

YT : Ah oui ?
YG : À l'époque, ce n'est pas ni la gauche ni la droite, ni le libéralisme ni le communisme, le débat est peut-être un peu dépassé, mais en tout cas, il ne faut pas être aligné bêtement, de manière béate, en bêlant systématiquement sur les positions de l'un ou de l'autre.

YT : On a notre propre rayonnement ?
YG : On a notre mot à dire. Je ne sais pas si c'est rayonnant, mais il faut considérer qu'on peut l'avoir, ce mot à dire.

YT : En plus, on a une langue universelle, le français ?
YG : On a une langue qui a été universelle.

YT : Vous savez qu'elle est parlée par un nombre de locuteurs important dans le monde, plus que jamais, puisqu'elle est adoptée par beaucoup de pays. Et la francophonie, ça fait partie aussi de la France ?
YG : Cela fait évidemment partie de la France, en particulier au sens où l'entendait le président Senghor.

YT : Vous parlez de Senghor. Avons-nous été reconnaissants avec cet ami de la France, premier Africain agrégé de grammaire française, ancien combattant de la guerre de 1939-1945 ? À ses obsèques, en 2001 à Dakar, ni le président de la République Jacques Chirac ni le Premier ministre Lionel Jospin n'étaient présents ! Une honte, a dit à l'époque le futur académicien Erik Orsenna.
YG : Cela fait un peu minable. C'était peut-être l'un des nombreux méfaits de la cohabitation, mais c'est un autre sujet. Ce n'est pas à la hauteur de l'événement. Ce n'est surtout pas à la hauteur de l'enjeu et d'une symbolique que représentait Senghor. Le chatoiement des cultures réunifiées, réinterprétées et développées, à travers, grâce à et avec l'aide d'ailleurs de la France et de la langue française, ce n'est pas tout à fait inutile. C'est important, un langage. Aujourd'hui, on ne fait plus attention à cela, parce qu'on raisonne par SMS, morceaux de signes et décomposition de mots. Bien qu'il reste vaguement une langue véhiculaire, valable pour tout le monde, qui s'appelle l'anglais, mais la langue qui véhicule la culture, ou les langues qui véhiculent la culture – parce qu'il n'y a pas que le français – on a tendance à les oublier beaucoup. C'est dommage.

YT : Justement, cette langue, elle évolue.
YG : Heureusement.

YT : Peut-être qu'on la déforme. Heureusement ?
YG : Elle vit.

YT : Est-ce que le pays, lui, a beaucoup changé ?
YG : Le pays a beaucoup changé.

YT : Êtes-vous inquiet pour son avenir ?
YG : Je ne suis pas du tout inquiet pour son avenir.

YT : Il a encore de l'énergie ?
YG : De l'énergie, il y en a évidemment. C'est vrai que, quand on s'inscrit dans la pensée du général de Gaulle, il l'a tellement dit et écrit que cela finit par en être banal, mais lui en est d'ailleurs l'incarnation. C'est quand on s'approche de l'abîme qu'on connaît les renouveaux et les essors les plus somptueux.

YT : Là, on est proches de l'abîme ?
YG : On est en train de descendre dans quelque chose qui va devenir compliqué. La société est en train de se déstructurer. Il va falloir trouver un moyen (ou plusieurs) pour donner un sens à cette collectivité, de façon à, non pas la reconstruire telle qu'elle était, mais à lui redonner une histoire, une direction. Il ne faut pas être pessimiste.

YT : Je vais vous faire écouter un extrait, puisque la France a été un thème de chansons. On pense à Charles Trenet, Jean

Ferrat, mais aussi Renaud. Justement, avec le mot hexagone, qui est un mot que le général de Gaulle n'employait pas.
YG : Non.

> *« Ils s'embrassent au mois de janvier*
> *Car une nouvelle année commence*
> *Mais depuis des éternités*
> *L'a pas tell'ment changé la France*[1]. »

YT : Pour lui, elle n'a pas beaucoup changé. Le texte est très critique, il passe les mois de l'année en revue et à chaque mois, il se passe quelque chose qui, finalement, est typique de la France, mais qui est un peu ringard pour lui. Sommes-nous ringards ?
YG : Je ne crois pas. La France est un pays qui évolue, bien sûr. C'est un pays où on lit plus qu'à l'étranger. C'est un pays qui continue de produire, je parle de la production intellectuelle, même si c'est moins vrai qu'autrefois. Je me souviens d'une scène qui m'avait beaucoup frappé. Ça n'a pas grand-chose à voir avec l'actuel président, c'est lié à ce qu'il a fait lorsqu'il était ministre de l'Économie. Quand il est allé visiter le salon de la micro-informatique aux États-Unis à Las Vegas. La deuxième délégation mondiale en matière de micro-informatique, c'était la délégation française. On a également des médailles Fields de mathématiques. On produit encore des prix Nobel. Tout n'est pas râpé. La seule chose qui a fait évoluer les civilisations au cours de l'histoire, c'est le progrès technique. Nous ne sommes qu'au début. Ce n'est pas que français, mais on y participe, bien

---

1. © Warner Chappell Music France.

sûr. C'est un essor considérable que nous avons devant nous, à condition de nous débarrasser de tous les vieux particularismes qui nous empêchent d'y aller.

YT : Elle vous fait pleurer parfois, la France, quand on l'évoque ? Pleurer de joie, d'émotion.
YG : Il m'arrive de ressentir du frisson. Ce n'est pas de l'émotion, mais c'est quelque chose qui vous prend, qui vous traverse le corps, qui vous fait vibrer.

YT : C'est la France ?
YG : C'est la France. Je vous cite une scène particulière. C'est à l'occasion des cérémonies du 9 novembre à Colombey, les multi anniversaires de l'année 2020. Nous étions au pied de la croix de Lorraine, avec le président de la République et une toute petite délégation. C'était la fin de l'après-midi, il faisait un temps magnifique. Et puis, nous attendions en silence. Tout d'un coup, on a entendu un bruit gronder au loin, derrière nous, et est passée, juste sur la croix de Lorraine, la patrouille de France avec ses échappées de bleu-blanc-rouge en sillage. Et ça, c'est magnifique. On se sent quand même… On se dit, tiens, ce n'est pas rien, la France.

YT : Si vous aviez un rêve pour elle ?
YG : Qu'elle fasse réentendre sa voix sans arrogance.

YT : Dominique de Villepin, par exemple, en 2003, quand il porte la voix du président de la République pour dire : « Non, nous n'irons pas dans cette guerre que les Américains veulent en Irak », il est arrogant ?

YG : Non, il a énoncé une vérité qui me paraît tout à fait essentielle. Qui, pour le coup, était d'essence gaulliste. On n'a pas à se mêler, ni à intervenir dans des conflits voulus par d'autres et pour d'autres raisons que celles qu'ils avouent. Ce qui était typiquement le cas de cette deuxième guerre d'Irak. Typiquement. Et la France a eu raison de dire ce qu'elle pensait. Peut-être que le langage de Dominique de Villepin était arrogant, je ne me souviens pas précisément de ses mots, mais le fond ne l'était pas.

*

YT : Yves de Gaulle, je vais vous demander de jouer à un jeu inspiré du questionnaire de Proust pour savoir à quoi correspond votre France si on l'écoute, si on la lit, si on la regarde. Alors, d'abord, un paysage.
YG : La croix de Lorraine plantée...

YT : À Colombey-les-Deux-Églises.
YG : C'est extraordinaire, parce que, pour moi, ça mélange complètement deux histoires, ou plus exactement, deux manières de la comprendre. Vous avez l'histoire immémoriale. C'est la colline, la plaine. C'est le chemin de Jules César qui venait de Langres en passant par Chaumont et en se dirigeant vers Troyes et Provins, il est peut-être passé par là. Il y a sous la croix de Lorraine des fouilles qui avaient été faites, qui laissaient apparaître des ruines d'abord de petits châteaux et probablement d'un oppidum. Il y a cette histoire immémoriale et puis irruption de la volonté humaine, plantée au milieu, qui a ouvert un espace de liberté que l'action a créé, l'action du général de Gaulle, qui vient ainsi

faire contraste entre l'histoire – un mouvement très long – et la capacité de certains à la modifier et l'incarner. J'ai un autre rêve pour la France, je reviens là-dessus. J'aimerais bien que l'on soit capable d'arrêter de sans arrêt se référer à l'existence, à la possibilité, à l'éventuel retour d'un homme providentiel. Soyons adultes.

YT : Prenons-nous en charge ?
YG : Arrêtons cet infantilisme un peu imbécile consistant toujours à se dire : « Ah là là ! Il n'y en a plus des comme ça ! » C'est peut-être vrai, mais cela ne correspond à rien et ne sert à rien. Soyons capables de nous gouverner nous-mêmes.

YT : C'est Yves de Gaulle qui parle.
YG : Oui.

YT : Alors, avez-vous un tableau ?
YG : Oui, *L'Agneau mystique* de Jan Van Eyck. Certes, il ne représente pas que l'histoire de France, mais il a été peint à un moment que je trouve extraordinaire, au tout début du xve siècle, vers 1420-1430. Jusque-là, que faisait-on ? On peignait des scènes bibliques, à peu près toujours la même chose.

YT : Oui.
YG : Et puis, avec Van Eyck, comme avec Masaccio en Italie, on découvre la multiplicité des personnages, le mélange des couleurs, la perspective, le fait d'être capable de mettre les choses en perspective. C'est une irruption de la nouveauté dans l'évolution plus ou moins plane de l'histoire de l'art.

YT : Un personnage ?
YG : Je dirais le couple Napoléon-de Gaulle.

YT : Qui sont pourtant très différents.
YG : Qui sont très différents et sur lesquels on peut aussi s'arrêter en essayant de chercher un ou deux points communs. Il n'y en a pas beaucoup.

YT : Lesquels ?
YG : Il y en a un, qui me paraît d'ailleurs très intéressant, parce que c'est aussi un témoignage de l'irruption de la nouveauté dans le paysage. C'est que ni l'un ni l'autre n'est issu d'une tradition, d'une classe sociale particulière. Rien ne peut expliquer leur exceptionnel destin et certainement pas, en tout cas, une explication marxiste...

YT : Un du Nord et un de Corse.
YG : Oui, on ne peut faire comprendre que Charles de Gaulle est devenu ce qu'il a été et que le jeune général Bonaparte est devenu ce qu'il a été. Aucune explication sociologique n'explique ça. Ils ont tous les deux été, à leur manière, européens.

YT : L'un par la conquête et l'autre...
YG : L'un par la conquête, en sachant qu'il a été aussi obligé de faire la conquête. Il n'y a pas que du volontarisme univoque dans ce sens. Et Charles de Gaulle n'y est pas parvenu. Il est clair que l'Europe que l'on a n'est pas celle qu'il aurait souhaitée. Il n'a pas réussi à la faire et les choses se sont arrêtées avec le traité de l'Élysée signé en 1963 avec Konrad Adenauer.

YT : Un auteur ?
YG : J'ai un immense respect pour un auteur allemand, qui n'est pas français, pardon, mais qui s'appelle Thomas Mann.

YT : Pour quel livre ? *La Montagne magique* ?
YG : Non, ce n'est pas *La Montagne magique*, c'est le dernier roman complet qu'il a écrit, *Le Docteur Faustus*, qui est une espèce de somme incroyable avec là aussi, comme dans Van Eyck, une multitude de personnages, de situations... Et là aussi, l'histoire d'une irruption qui se termine tragiquement dans le livre, mais l'irruption de quelque chose de nouveau dans l'histoire de la musique, inventée par Thomas Mann, l'histoire d'Adrian Leverkühn, le personnage, l'irruption du dodécaphonisme dans l'histoire de la musique traditionnelle.

YT : Merci, Yves de Gaulle.
YG : Merci.

Franz-Olivier Giesbert

(Journaliste, romancier, essayiste)

« *La France nous enterrera tous.* »

Franz-Olivier Giesbert est probablement le journaliste le plus doué de sa génération. Il a ce métier dans le sang. Insolent, virevoltant, percutant à la fois, il est prêt à toutes les audaces pour arriver à ses fins, pour attirer l'attention ou pour mettre du sel dans sa vie. L'une d'elles aura été, en 1988, son passage de la direction du *Nouvel Observateur* à celle du *Figaro*, où j'ai travaillé sous son autorité pendant trois ans, de 1994 à 1997. La gauche ne s'est jamais remise de ce transfert du siècle, comme s'il préfigurait son propre déclin. Feu Jean Daniel, la figure tutélaire du magazine, non plus.

Franz-Olivier Giesbert, qui dort peu et écrit à la vitesse de l'éclair, est un auteur prolifique. Il a de nombreux romans à son actif et des ouvrages politiques qui font toujours mouche. *La Tragédie du Président* (chez Flammarion), dans lequel Jacques Chirac sort essoré, sera critiqué pour son caractère irrévérencieux. Deux autres sont, selon moi, remarquables. *Le Vieil Homme et la mort*, paru chez Gallimard en 1996, retrace les relations, pour le moins contrastées, entre François Mitterrand et l'auteur. « Mitterrand était meilleur et pire qu'on le croyait [...]. Avec lui, j'étais comme l'Hermione de Racine, confie Giesbert. Je l'aimais trop pour ne point le haïr ; je le haïssais trop pour ne point l'aimer. »

Le Sursaut, sorti fin 2021, chez Gallimard, est le premier tome de son *Histoire intime de la Ve République*, qui en comptera trois. C'est la période de Gaulle. Même lorsque l'on croit la connaître, on y apprend beaucoup de choses sur la guerre d'Algérie et sur le déclin du Général. La conclusion de Franz-Olivier Giesbert sur la France d'aujourd'hui est violente. Pour lui, notre pays « crève d'une conception nihiliste de la politique qui est devenue l'art de ne pas gouverner ».

Yves Thréard : Franz-Olivier Giesbert, y a-t-il une idée de droite ou de gauche de la France ?

Franz-Olivier Giesbert : Non. On l'a vu dans les grandes périodes historiques, la gauche et la droite se rassemblent. Quand la France est menacée, la gauche, la droite, tout cela n'a finalement pas de sens. Nous l'avons bien vu pendant les deux guerres mondiales, les Français se mettaient tous ensemble. Regardez par exemple, la France libre ; au départ, il y a énormément de maurrassiens, de gens d'extrême droite, de gens de gauche, de socialistes, même d'extrême gauche, puis les communistes arrivent plus tard. Ils sont tous là pour le même idéal. L'idée qu'il existe une France de droite, une France de gauche, c'est réservé aux élections.

YT : D'ailleurs, la France qui a été construite après la guerre, issue des travaux du Conseil national de la résistance, est une France qui rassemble.
FOG : C'était une France qui rassemblait tout le monde. Charles de Gaulle avait essayé de rassembler tout le monde. Une France de droite ou de gauche, c'est une idée absurde, même si politiquement parlant, c'est vrai.

YT : Aujourd'hui, on dit – notamment avec Emmanuel Macron au pouvoir – que le clivage gauche-droite n'existe plus, c'est faux ?
FOG : Ce n'est pas vrai. Selon moi, un pays qui fonctionne bien – de temps en temps il peut y avoir des parenthèses, comme celle d'Emmanuel Macron – a besoin d'un pied droit et d'un pied gauche. Pourquoi ? Parce que la droite produit et la gauche redistribue. Le seul problème, c'est peut-être que la droite n'a pas été vraiment la droite au cours des dernières décennies. Nous avons eu une droite disons centre-gauche.

YT : La droite s'est laissé embarquer par la gauche ?
FOG : Oui. Dans un bon système, il y a une droite et une gauche qui se combattent, et c'est cela la démocratie. Je dirais même que le pays a besoin des deux.

YT : Nous n'avons absolument pas la culture du compromis, alors ?
FOG : Le compromis, ce n'est pas mal. Quand vous regardez ce qui se passe en Allemagne, il y a énormément de compromis. Je me souviens, quand il y avait la cohabitation, les gens se plaignaient que ça n'avançait pas et qu'il n'y avait pas de réformes. Vous avez bien vu que, quand il n'y a pas

de cohabitation, il n'y a pas de réformes pour autant. Ça c'est la France. En Allemagne, ce qui s'est passé aux dernières élections, c'est absolument formidable. Il n'y avait pratiquement pas d'extrême gauche, ni d'extrême droite. Là-bas, les partis qui gouvernent ensemble n'ont pas tout à fait les mêmes opinions, pourtant ils concoctent de concert les programmes.

YT : C'est ce qu'a essayé de faire Emmanuel Macron ? Ça ne marche pas ?
FOG : Cela peut marcher un temps. Le problème d'Emmanuel Macron c'est qu'il refuse de se positionner dans un camp. Et quand on est entre les deux, c'est toujours un peu compliqué. D'autres ont essayé de faire cela avant lui. Valéry Giscard d'Estaing a essayé au début, mais après il s'est déporté à droite car son électorat était là. L'idée que l'on va dépasser les clivages est absurde, on ne les dépasse jamais, finalement. Quand il s'agit de choisir politiquement, les Français sont tous différents et ont donc des opinions différentes.

YT : Ils sont dans la culture de la confrontation ?
FOG : Il y a un sujet qui est intéressant, ce sont les sujets transversaux. Par exemple, avec la montée du souverainisme, vous avez le courant anti-européen qui est à la fois de droite et de gauche. Chez les souverainistes, certains sont à droite et d'autres à gauche. C'est compliqué si l'on y regarde de plus près.

YT : Il y a une singularité française qui existe, que l'on soit de droite ou de gauche : la France a besoin d'un homme fort.

Nous avons besoin d'un chef, de quelqu'un qui représente la France, c'est beaucoup plus évident dans notre pays que dans la culture anglo-saxonne ou allemande, non ?
FOG : Chez les Allemands, c'est un peu différent. Je suis souvent allé en Allemagne discuter avec des responsables politiques et je me souviens qu'ils disaient que les Français ont toujours besoin d'avoir des présidents intelligents. Par exemple, ils parlaient de Helmut Kohl. C'était un personnage absolument considérable. Je l'ai rencontré, il était très impressionnant mais il ne prétendait pas être intelligent. Il jouait même un peu au « con ». Nous, c'est vrai qu'il y a cette idée que, pour être président chez nous, il faut être intelligent, et les résultats ne sont pas terribles quand on regarde bien. Lorsqu'on fait de la politique, il faut aussi une forte volonté. Regardez Ronald Reagan, il jouait carrément au « con », il était soi-disant idiot mais ce n'était pas vrai. D'ailleurs, il y a un président français qui a joué au « con », c'était Jacques Chirac. Il faisait l'inculte, alors qu'il était très cultivé.

YT : Il était habité par la culture asiatique, japonaise notamment.
FOG : Les civilisations, même l'histoire des religions… Il touchait sa bille.

YT : Pourquoi faisait-il cela ?
FOG : Parce qu'il avait l'idée que, s'il montrait sa culture, ce n'était pas bon électoralement. Françoise Giroud avait dit qu'il était du genre à lire un recueil de poèmes derrière une couverture de *Playboy*. Sur son bureau, à la fin de sa présidence, il y avait des objets de toutes sortes qui venaient

de partout, d'Afrique, etc., et il vous parlait comme s'il était un antiquaire. C'était assez fascinant, on avait l'impression que son bureau était un magasin d'antiquités. Il avait une grande connaissance, mais il préférait jouer au « con » car, électoralement parlant, il pensait que c'était mieux.

YT : Il y a quelqu'un qui ne jouait pas au « con », nous allons l'écouter.

> « Je me fais en effet de la France une certaine idée. Je veux dire par là qu'à mon sens, elle est quelque chose de très grand, de très particulier. C'est, du reste, je le pense, ressenti par le monde entier [...] C'est vrai, la France est une chose, à mes yeux, très considérable, très valable. Et elle doit avoir dans le monde quel qu'il soit, à toute époque, naturellement d'après les circonstances, elle doit avoir un rôle à elle. Il faut que la France joue son rôle, c'est exact. Et pour qu'elle joue son rôle, il faut qu'elle soit la France. Les Français. Les Français, c'est eux qui font la France. C'est eux qui en sont responsables [...] La France est plus que les Français du moment. La France vient de loin. »

Il s'agit de Charles de Gaulle, nous sommes en 1965, en plein milieu de l'entre-deux-tours de la première élection au suffrage universel direct. Il répond à la question du journaliste Michel Droit sur sa « certaine idée de la France ». La France vient de loin. D'où vient la France, selon vous, Franz-Olivier Giesbert ?

FOG : Quand nous lisons les livres d'histoire, elle remonte aux Gaulois. D'ailleurs, nous avons toujours des traits de caractère de Gaulois, même si les Romains et les Wisigoths sont passés par là. Comme le disait l'historien et maurrassien d'extrême droite Jacques Bainville, la France est un isthme. Paul Valéry avait tendance à dire que le peuple était un composite. Si l'on regarde bien, le tempérament des Gaulois décrit comme querelleur – Jules César a écrit des pages là-dessus –, on le retrouve avec les grèves insensées…

YT : Ils sont réfractaires, les Gaulois ?
FOG : Rebelles, bien sûr ! Il suffit de rentrer dans un bistrot français, c'est totalement différent d'un bistrot en Allemagne. Il existe plein de révolutionnaires chez nous, alors que la situation n'est pas révolutionnaire. Il n'y a qu'en France où il y avait encore des trotskistes qui faisaient 8 % – si on les additionnait tous –, il y a plusieurs années, aux élections.

YT : L'historien Marc Bloch a écrit *L'Étrange Défaite*, livre dans lequel il parle de la grande responsabilité, de la trahison des clercs, des élites. Il y affirme qu'on n'aime pas la France si on ne vibre pas à l'évocation du baptême de Clovis ou à l'évocation de la fête de la Fédération. Qu'est-ce qu'elle veut dire cette phrase, d'ailleurs ?
FOG : Je crois que je suis un peu terrorisé par le recul de l'histoire dans la culture française. Il y a beaucoup de gens qui vont vous raconter une histoire totalement réécrite, refaite, superficielle. Je fais partie de cette génération qui est d'accord avec Marc Bloch. Je vibre moins pour la fête de la Fédération, qui est peut-être un peu niaise. *A contrario*, c'est vrai que le baptême de Clovis – Jeanne d'Arc aussi –, cela me fait vibrer. Les Capet sont formidables – bon, ce ne sont pas des hommes très sympas –, mais ce sont tout

de même les Capétiens qui ont fait la France, qui l'ont structurée. J'ai tendance à penser que, pour être français, il faut vibrer à certains moments, être ému ou pleurer devant un monument.

YT : Elle vous fait pleurer la France, de temps en temps ?
FOG : Oui, devant la beauté du Mont-Saint-Michel. Chartres est sublime aussi.

YT : Vous me parlez du Mont-Saint-Michel, de Jeanne d'Arc, de Chartres. Vous venez d'écrire un très beau livre, qui s'intitule *Le Sursaut*, dans lequel vous parlez beaucoup de Charles de Gaulle, le fondateur de la Ve République…
FOG : Une histoire intime de la Ve République.

YT : Vous y parlez également de votre mère qui est pratiquante, catholique. Selon vous, Jacques Chirac a-t-il eu tort de refuser que les racines chrétiennes soient inscrites dans le projet de Constitution européenne ?
FOG : Est-ce que c'était l'objet ? Je ne suis pas sûr. Ce n'était pas forcément nécessaire. Ce que je reprocherais plutôt à Jacques Chirac et à une grande partie de la classe politique, c'est d'avoir dit que la France n'avait pas de racines chrétiennes, c'est tout à fait n'importe quoi. Lui-même n'y croyait pas ! François Bayrou non plus, je me disais que ce n'était pas possible. Il y a eu une espèce de démission collective, et ce n'est pas comme cela qu'il fallait traiter le problème. J'en ai parlé avec Jacques Chirac. Dans *Le Choc des civilisations*, Samuel Huntington explique que la guerre est-ouest a pris fin avec la chute du communisme, et que nous allons revenir à ce qui se passait avant, c'est-à-dire les civilisations

qui reprennent le dessus – et il y a beaucoup de civilisations différentes, la chinoise confucéenne, l'islamique avec Mahomet, la chrétienne avec Jésus –, c'est absolument l'évidence. Souvent les politiques, sous la pression des médias, disent des absurdités. Pour moi, il y avait une sorte d'unité de la classe politique autour de l'affirmation que nous n'avons pas de racines chrétiennes, alors que c'est indiscutablement le contraire : il suffit de visiter un musée, de sortir dans la rue et de regarder les églises. Comment ont-ils pu dire cela ?

YT : Le général de Gaulle dit que la France a un rôle à jouer dans le monde. Est-ce que la France joue toujours ce rôle ?
FOG : Non. Il ne faut pas oublier que de Gaulle arrive au pouvoir avec ses propres mythes qu'il essaye d'inculquer aux Français. Par exemple, que la France s'est libérée toute seule, grâce à la Résistance qui a chassé les nazis. Il y a des gens pour le croire, les communistes vont dans ce sens. Évidemment, c'est faux, c'est un grand mensonge qui a été accepté par une partie des Français. Pourquoi de Gaulle dit-il cela ? Par anti-américanisme ? Plutôt pour rendre leur fierté aux Français. De Gaulle aime la France, mais il est un peu déçu par les Français. Georges Pompidou, son Premier ministre qui va devenir son successeur, lui, adore les Français, mais s'intéresse beaucoup moins à la France. Il y a une complémentarité entre les deux. De Gaulle essaye de porter la France ; pour lui, l'intérêt général prime avant tout, quoi qu'il arrive, quoi qu'il en coûte. Il a du sang sur les mains, il n'a pas peur, car il est la France. Dans mon livre, je rapporte l'un de ses aveux à un journaliste américain, David Schoenbrun, qui est extraordinaire. Il lui dit, en 1959, dans une interview au *Saturday Review*, un

magazine intellectuel qui a disparu depuis : « Tout a changé en 1940, quand j'étais au Cameroun et que j'ai vu cette foule incroyable qui scandait mon nom. De cette époque, j'ai su que j'aurais à compter avec cet homme, ce général de Gaulle. Je devins presque son prisonnier. Avant de prononcer un discours ou de prendre une décision capitale, je devais me demander : "Le général de Gaulle l'approuvera-t-il ?" Il y a plusieurs choses que j'aurais aimé faire mais je n'ai pas pu, car le général de Gaulle ne le devait pas. » Étrange dédoublement de la personnalité, non ! Je pense que ce personnage-là est devenu peu à peu la France, il se prenait pour la France. Finalement, ce fut une réussite ! À l'époque, on s'est beaucoup moqué, mais cela a marché.

YT : Quand on écoute les hommes et femmes politiques français aujourd'hui, on a le sentiment qu'ils parlent aux Français mais qu'ils ne parlent pas de la France, du projet de la France. Le général de Gaulle, lui, parlait de la France.
FOG : Vous avez raison, mais il y avait Georges Pompidou, ou certains ministres, pour faire le travail en coulisses. De Gaulle, dès qu'il parlait des Français, il n'était pas sympa. Il en parlait avec des termes très durs : des « veaux », « c'est horrible, ce pays », des « vichyssois », « Vichy est toujours là », « tous pétainistes ». C'était d'ailleurs tout à fait contradictoire avec son discours public, qui consistait à dire que les Français s'étaient libérés eux-mêmes. En privé, il était très sévère avec les Français.

YT : Aujourd'hui, on parle beaucoup moins de la France, on parle des Français.
FOG : C'est dommage.

YT : Les Français ont envie qu'on leur parle de leur pays, non ?
FOG : Je fais partie de ceux qu'on peut appeler les « vieux cons », qui ont envie qu'on leur parle de leur pays en bien. J'aime la France et j'aime la République. C'est quelque chose qui s'est perdu à cause de l'américanisation de la vie politique. Pourtant, aux États-Unis, ils arrivent à garder un patriotisme parce que c'est la première puissance mondiale. En France, on l'a perdu peu à peu car ce n'était pas « chic » d'être patriote. C'est vraiment dommage.

YT : À quoi est-ce dû ? Pas aux Américains en tout cas !
FOG : Non, pas du tout. Je pense qu'il y a une forme de démission. On en revient toujours au livre de Marc Bloch sur la trahison des élites, c'est-à-dire que les élites se sont mondialisées. Personnellement, je suis pour l'Europe, mais ce n'est pas pour autant que la France doit se dissoudre. Nous avons une identité française, un esprit français et une culture française – contrairement à ce que dit Macron – quand on lit Montaigne, Molière, Rabelais, etc. Il y a une unité française. C'est notre héritage. On parlait du baptême de Clovis, de Jeanne d'Arc, de Georges Clemenceau, c'est tout cela la culture française, tout comme nous possédons une variété de paysages.

YT : Le peuple français est un peuple qui aime les symboles, les légendes. Nous sommes un peuple littéraire. Cela nous manque, aujourd'hui ?
FOG : À un moment donné, on a essayé – pour des questions de convenance, peut-être aussi pour céder à la pression des médias – d'abandonner cet héritage. Beaucoup d'immigrés

viennent en France parce qu'ils aiment aussi notre dimension culturelle. On l'a un peu oubliée, cette dimension, on la cache. Mais je ne suis pas pessimiste. Comme disait de Gaulle : « La France a toujours été refaite. Elle nous enterrera tous, elle reviendra. » Selon moi, les politiques devraient célébrer, chanter un peu plus la France dans des célébrations. Il y a des grands moments historiques, des occasions de se rassembler, des victoires comme des défaites.

YT : On nous reproche justement d'être un peu trop dans la commémoration.
FOG : C'est très bien la commémoration, selon moi. C'est un actif d'Emmanuel Macron d'ailleurs, on en fait de plus en plus et c'est très bien. Il faut se rassembler. Pour les funérailles de Johnny Hallyday, j'étais tellement ému, on avait les larmes aux yeux, c'était un moment d'unité nationale. Il faut des moments d'unité.

YT : La conclusion de votre livre, *Le Sursaut*, est très sombre : vous condamnez la classe politique, qui n'a plus cette grandeur que le général de Gaulle entretenait, nourrissait, voulait…
FOG : Avec ses mensonges, bien que je l'admire.

YT : Vous dites également que la geste politique n'existe plus…
FOG : Cela arrive de temps en temps, il y en a qui essayent.

YT : Emmanuel Macron est un peu comme cela ?
FOG : Il y a eu des moments forts avec Emmanuel Macron, avec Nicolas Sarkozy, également avec François Hollande, notamment après les attentats. Il y a eu des figures fortes, Jacques Chirac, François Mitterrand. C'est ce dernier qui s'est

peut-être mis le mieux dans les habits du général de Gaulle, parce qu'il l'avait tout le temps combattu en expliquant que c'était un dictateur ou un monarque, ça dépendait des jours. Être président de la République française, c'est quelque chose, il faut le mesurer et pas juste être un président déjà en train de préparer les prochaines élections.

YT : Aujourd'hui, ils font moins de politique et sont plutôt gestionnaires ?
FOG : Bien sûr, et ils gèrent très mal. Quand on parle de la France, qu'est-ce que c'est ? On pense à l'intérêt général, c'est cela qu'apportait de Gaulle, il pensait à la France. Comme partout, il faut de la contradiction, un grand politique doit penser aux Français – de Gaulle avait Georges Pompidou pour le faire – et, en même temps, il doit aussi penser à la France. Comme vous l'avez dit, la France n'est plus très présente depuis longtemps déjà.

YT : Vous avez commencé dans le journalisme plutôt à gauche, avec le *Nouvel Observateur*, ensuite vous êtes passé au *Figaro*, puis au *Point*, de ce fait un peu plus à droite. Beaucoup de philosophes et d'intellectuels, qui sont vos amis, tels que Michel Onfray, Alain Finkielkraut et beaucoup d'autres, sont partis de beaucoup plus à gauche que vous, ils sont partis du trotskisme.
FOG : J'étais centre-gauche, oui.

YT : Maintenant, ils sont beaucoup plus à droite que vous ! Pensez-vous qu'il y a une droitisation de la classe intellectuelle ?
FOG : Oui et des Français également. C'est fascinant.

YT : Pourquoi ?
FOG : Parce que la droite n'a pas fait son travail. Elle n'a pas été la droite, elle avait peur. Elle a manqué de *leadership*, avec une période de flottement qui a commencé avec Jacques Chirac. Nicolas Sarkozy a eu aussi du mal.

YT : Pourquoi les intellectuels viennent-ils au secours de la droite ?
FOG : C'est plus compliqué que cela. Vous savez, ce qui est bien dans une démocratie, c'est l'alternance. Mais, si on regarde bien depuis les années 1980, même s'il y a eu la droite et la gauche au pouvoir, ce n'est pas vrai, c'était toujours le même centre-gauche avec des étiquettes différentes qui gouvernait. Je pense que l'on a besoin d'alternance, il faut des grands chocs de temps en temps et ce n'est pas si mauvais. Même si l'on ne peut pas dire que le bilan économique de 1981 soit bon, du point de vue de la démocratie, c'était très utile. Ce que je reproche, c'est que tout le monde a un peu oublié la France, mais ça va revenir. Vous savez pourquoi ? Aujourd'hui, nous sommes dans une situation de délitement qui rappelle, à bien des égards, l'année 1958. En 1958, la France était par terre, au bord de la guerre civile.

YT : Il y avait la guerre d'Algérie à ce moment-là.
FOG : La guerre d'Algérie avec les militaires qui menaçaient d'envahir la métropole si l'on n'appelait pas le général de Gaulle pour faire l'Algérie française, alors que ce dernier était décidé à faire le contraire. En France, tout allait mal ! Économiquement, on disait qu'il y avait de la croissance, alors que l'économie était complètement sens dessus dessous

avec de gros déficits, comme c'est le cas actuellement. 15 % d'inflation à l'époque, ça n'allait pas du tout. De Gaulle arrive et règle le problème en quelques semaines avec des réformes. Les réformes se font toujours en trois mois. Il y a de nombreuses études là-dessus qui montrent que si l'on ne fait pas les réformes tout de suite, on ne les fera jamais car l'opposition reprendra le dessus. Aucun chef d'État n'a plus fait de réformes tout de suite. Tous ont essayé d'étaler et rien ne s'est passé, ils ont procrastiné. Pendant ce temps-là, dans les années 1980, la Grande-Bretagne changeait avec Margaret Thatcher, sous le nez des travaillistes. Ce fut ensuite au tour de l'Allemagne avec la gauche de Gerhard Schröder. Ce n'est pas Angela Merkel qui a fait les réformes, c'est Gerhard Schröder, qui a plus tard été battu d'un fil.

*

YT : Franz-Olivier Giesbert, je vais vous soumettre un questionnaire de Proust. Si la France était un paysage ?
FOG : Il y a un lieu absolument exceptionnel, que j'adore, qui se situe en Provence. J'y grimpe souvent, c'est le massif de la Sainte-Baume.

YT : C'est le Normand qui parle de la Provence.
FOG : C'est une Provence un peu normande. C'est-à-dire qu'il y a de l'eau qui coule partout et on dit que ce sont les larmes de Marie-Madeleine qui s'était réfugiée – soi-disant – dans une grotte. C'est un lieu qui est absolument magique, et la forêt rappelle les forêts normandes avec des hêtres, des chênes, etc. Quand vous grimpez jusqu'en haut, quel cadeau,

vous êtes au milieu du ciel provençal, vous avez envie de crier devant tant de beauté.

YT : Si la France était un tableau ?
FOG : Je choisis *La Montagne Sainte-Victoire* de Cézanne. Très grand peintre, que j'adore. On est juste à côté de la Sainte-Baume, elles se regardent l'une l'autre.

YT : S'il fallait choisir entre les deux ?
FOG : La Sainte-Baume. Gravir la Sainte-Baume, c'est quand même un grand moment.

YT : Si la France était un personnage historique ?
FOG : Spontanément, Aliénor d'Aquitaine parce qu'elle me fascine. Elle a été reine de France, puis une reine d'Angleterre très politique. C'est une femme puissante, elle est extraordinaire. C'est la grand-mère de Blanche de Castille, qui est la mère de Saint-Louis, et c'est elle qui sera la régente du royaume. Elle va surtout s'occuper des affaires du royaume quand son fils sera parti en croisade. Ce n'était pas évident à une époque où tout était compliqué en France.

YT : Aliénor d'Aquitaine, qui a aussi fait une croisade.
FOG : Tout à fait.

YT : Si la France était un romancier ou une œuvre ?
FOG : Plein de noms se bousculent dans ma tête, Maupassant, Balzac... En y réfléchissant, ce sont *Les Misérables* de Victor Hugo qui l'emportent, parce qu'il y a tout. Il y a la France, c'est un livre absolument extraordinaire, à couper le souffle, que l'on peut lire régulièrement, c'est

absolument magnifique. Je l'ai lu trois ou quatre fois. C'est étrange parce qu'il y a des livres, plus vous les lisez, plus vous les aimez.

YT : Merci Franz-Olivier Giesbert.
FOG : Merci à vous.

Jacques Julliard

(Historien, essayiste, éditorialiste)

« *La France est une nation de gauche.* »

Interroger Jacques Julliard, c'est ouvrir une encyclopédie. Le laisser raconter ses expériences d'enseignant, de syndicaliste, de journaliste, c'est l'assurance de revivre l'histoire en direct et de croiser les figures qui l'ont faite. L'homme est un érudit. Il a accouché d'une somme sur *Les Gauches françaises*, éditée chez Flammarion, qui restera la référence ; l'équivalent de ce côté-là de l'échiquier politique de ce qu'est *La Droite en France*, de René Rémond.

Jacques Julliard a cette particularité d'être un intellectuel de gauche porté aux nues par les gens de droite. Popularité transpartisane qui est due à son talent de conteur, à l'excellence de son style et à la justesse de ses analyses, mais aussi, il faut le dire, à l'évolution de sa réflexion. La preuve, sa signature est passée en quelques années du *Nouvel Observateur* au *Figaro*. Pas une seconde, il n'aurait imaginé naguère travailler un jour pour le grand quotidien libéral-conservateur ! Cela lui vaut d'avoir quelques détracteurs qui parlent de « dégringolade », titre d'un article du *Monde diplomatique* de 2017 se moquant des « acrobaties de Jacques Julliard ».

Il revendique toujours, bien sûr, son engagement à gauche, même s'il estime que le clivage gauche-droite est dépassé. Et il déplore la « paresse intellectuelle » des partis de sa famille politique, comme celle des syndicats d'ailleurs ; celle-ci les empêche de regarder la réalité en face. Autre singularité de Jacques Julliard : sa foi religieuse. Mais, attention, il récuse l'appellation « chrétien de gauche ». « Je suis un homme de gauche croyant », confie-t-il. Expression qui laissa François Mitterrand sans voix…

Yves Thréard : Jacques Julliard, la France est un pays qui est très politique, avec des Français qui aiment la politique. La France est-elle un pays de droite ou un pays de gauche ?
Jacque Julliard : Pour le monde entier, c'est le pays de la Révolution française. Donc, je dirais, pas par préférence personnelle, mais par constat pur et simple, que la France est un pays de gauche ou, en tout cas, est perçue comme un pays de gauche. Savoir si c'est vraiment un pays de gauche, c'est une autre affaire parce que, avant la Révolution, il y a un millénaire de monarchie, qui n'est pas spécialement de gauche mais, au contraire, le symbole de la monarchie d'absolutisme.

YT : Et donc des inégalités.
JJ : Des inégalités, pendant un certain temps, acceptées, et, à d'autres moments, refusées. Mais je veux dire, à votre

question, je réponds forcément en Normand, oui, c'est un pays de gauche pour la plupart des pays du monde d'aujourd'hui. Cela dit, dans son être profond, c'est les deux, naturellement, parce que la Révolution n'a pas aboli l'Ancien Régime.

YT : Quand on évoque la France, aujourd'hui, on dit beaucoup dans le débat politique que la France penche plutôt à droite, qu'on a plutôt des idées de droite. C'est vrai ?
JJ : C'est tout à fait vrai.

YT : Même les intellectuels, qui étaient de gauche. Je pense à Michel Onfray, à Alain Finkielkraut, même vous, vous êtes plus à droite que par le passé, non ?
JJ : Même moi ! Vous savez, je ne pensais pas, quand j'ai commencé ma carrière de journaliste, que j'écrirais au *Figaro*, par exemple. Alors, pour essayer de répondre à votre question, à savoir : est-ce que c'est un pays de gauche qui est en train de pencher, de basculer vers la droite ? Je réponds oui. C'est quelque chose de relativement récent et dont la gauche, je crois, est totalement responsable.

YT : Pourquoi ?
JJ : C'est elle qui a fait son propre malheur tout simplement parce qu'elle a suivi ses intellectuels et non pas ses électeurs sur quelques questions discriminantes, essentielles... Au sujet de la sécurité, de l'idée nationale, de la question de l'immigration et de la défense nationale. Il se trouve que les intellectuels de gauche, en France, ont toujours eu des idées aberrantes, ce n'est pas nouveau, mais, longtemps, la gauche ne les a pas suivies.

YT : En fait, il vaut mieux avoir raison avec Raymond Aron que tort avec Jean-Paul Sartre ?
JJ : Aujourd'hui, oui. D'ailleurs, j'ai toujours pensé qu'il fallait avoir raison avec ceux qui disent la vérité. Même quand j'étais du même avis que Sartre, je n'aimais pas Jean-Paul Sartre.

YT : Pourquoi ?
JJ : Je trouvais qu'il n'était pas sincère, contrairement à ce qu'on dit en général. J'ai l'impression que c'est un homme qui a occupé la position la plus enviée qui puisse être dans le monde : celle d'un intellectuel d'opposition dans un pays libéral et démocrate. C'est une position qu'il a occupée avec talent, je ne dis pas le contraire, mais il ne faut pas en abuser.

YT : Il y a quelqu'un qui avait une idée de la France. On va l'écouter. C'était en 1965, plus précisément le 13 décembre 1965.
JJ : Je crois savoir de qui il s'agit.

> *« Je me fais en effet de la France une certaine idée. Je veux dire par là qu'à mon sens, elle est quelque chose de très grand, de très particulier. C'est, du reste, je le pense, ressenti par le monde entier [...] C'est vrai, la France est une chose, à mes yeux, très considérable, très valable. Et elle doit avoir dans le monde quel qu'il soit, à toute époque, naturellement d'après les circonstances, elle doit avoir un rôle à elle. Il faut que la France joue son rôle, c'est exact. Et pour qu'elle joue son rôle, il faut qu'elle soit la France. Les Français. Les Français, c'est eux qui font la France. C'est eux qui en*

> *sont responsables [...] La France est plus que les Français du moment. La France vient de loin. »*

YT : « La France vient de loin. » Pour vous, historien, elle vient d'où, la France? Elle commence quand?
JJ : Écoutez, Marc Bloch, qui est le maître de tous les historiens, a dit qu'avec le baptême de Clovis, à un bout, et la fête de la Fédération en 1790, à l'autre bout, on n'avait peut-être pas les deux extrémités, mais les deux pôles, en quelque sorte, de la France.

YT : C'est dans *L'Étrange défaite.*
JJ : C'est un admirable historien parce que ce n'était pas un intellectuel au sens péjoratif que je donnais au terme, il y a un instant.

YT : Rien à voir avec Jean-Paul Sartre.
JJ : Non.

YT : Quand vous dites : « Là, on a les deux bouts de l'histoire. »
JJ : Les deux pôles, oui.

YT : La France, elle commence à Vercingétorix ou elle commence à Clovis?
JJ : Je crois que les historiens l'ont fait commencer à Vercingétorix, mais qu'elle commence avec Clovis. La France est une nation de gauche, mais n'oublions pas qu'elle a été longtemps la fille aînée de l'Église. C'était une chrétienté. Pour moi, les deux choses sont indissociables. C'est une synthèse qui m'est propre et qui suppose un certain nombre

de discussions, mais il n'empêche que la France est historiquement une chrétienté et, en même temps, une idée de gauche née de la Révolution française. Il y a un homme qui a fait cette synthèse, avant même le Général.

YT : Qui?
JJ : C'est Charles Péguy. Péguy est un homme du passé, un homme de la chrétienté et, en même temps, un homme de l'universel républicain, de l'école française porteuse de l'universel.

YT : Est-ce qu'en 2005 Jacques Chirac, qui était alors président de la République, a eu tort de s'opposer à ce qu'on rappelle les racines chrétiennes de l'Europe dans le préambule du projet de Constitution européenne?
JJ : Je pense que, historiquement, intellectuellement, métaphysiquement, c'était une erreur d'y renoncer. Le christianisme est, tout de même, la marque de l'Occident. Mais, politiquement, cela pouvait se défendre, dans une perspective de rapprochement des civilisations, il était souhaitable que chacune d'entre elles ne mette pas l'accent sur ce qui la distingue des autres. Toutefois, les civilisations sont fondées, comme l'avait bien compris André Malraux, sur les religions. À la fois, je dis que c'est une erreur et, en même temps, à l'époque, je comprends très bien pourquoi Chirac n'avait pas envie – je ne suis même pas sûr que cela correspondait à son propre point de vue – d'insister sur les différences.

YT : Jacques Julliard, le clivage gauche-droite dont on dit qu'il est fini, est-il vraiment fini, aujourd'hui? Est-ce qu'il n'a plus de sens dans la vie politique?

JJ : Je pense qu'il est fini, mais qu'il a toujours du sens. Je vais essayer d'expliquer ce paradoxe. Je pense qu'il est fini parce qu'il définit de moins en moins précisément les opinions, les positions, des uns et des autres sur toutes les questions que l'on appelle « régaliennes ».

YT : Sécurité, justice, défense, identité…

JJ : Voilà, l'identité française, il n'y a pas vraiment de positions de droite et de gauche tellement distinctes. Je lisais ces jours-ci un sondage qui est paru dans *Le Monde*, sur la gauche et la droite. On voit que les gens y restent attachés parce que, dans l'identité de chacun, il y a sa famille politique. Pour autant, sur la plupart des questions, les gens raisonnent moins en fonction de leur famille politique que de leur réaction, à un moment donné, à une situation politique. Alors, à la fois, le clivage gauche/droite est en train de s'atténuer et d'ailleurs, la preuve, c'est que nous avons un président qui est « et de gauche et de droite » et que, j'en suis sûr, cela va continuer ainsi. On dit qu'il glisse à droite. Ce n'est pas tout à fait vrai. Ce n'est pas vrai ni sur ses positions économiques ni sur sa politique étrangère, c'est vrai en matière d'immigration, notamment, tout simplement parce que c'est toute la France qui a glissé à droite. Mais pour le reste, la distinction n'est plus exclusivement politique. Elle est surtout culturelle.

YT : Justement, à ce propos, vous avez été un compagnon de la gauche socialiste. Vous étiez beaucoup derrière le rocardisme et Michel Rocard. Si Michel Rocard avait eu un destin français, un destin au premier plan, à la place de François Mitterrand, est-ce que le sort de la gauche, aujourd'hui, serait différent ?

JJ : Honnêtement, je ne pense pas. D'abord, je vais faire une petite rectification. J'ai toujours été classé rocardien et je l'ai accepté d'autant plus volontiers que Rocard était un ami de toujours, on a mené des luttes communes au moment de la guerre d'Algérie. Nous avions beaucoup de sensibilités en commun. En revanche, ma famille, ce n'est pas Rocard. C'est la CFDT. Où j'ai trouvé mes amis et des gens, « selon mon cœur », comme dit Rousseau... C'est la CFDT, c'est autour d'Eugène Descamps, de Gilbert Declercq, de toutes ces grandes figures qui, d'une certaine manière, transcendaient la distinction entre la gauche et la droite. Des gens qui venaient de droite, mais pensaient à gauche.

YT : Vous parlez de la CFDT, vous avez un parcours de syndicaliste, vous avez été à l'UNEF.
JJ : Ma fierté, c'est d'avoir été, à un moment donné, élu au bureau national, d'avoir été un directeur d'une grande centrale ouvrière. En effet, c'est ma fierté.

YT : Mais si l'on regarde bien, les syndicats sont bien mal en point aussi, aujourd'hui. Pourquoi ? Alors qu'ils sont un élément structurant de la vie moderne française.
JJ : Je dois dire que Macron ne leur a pas fait du bien. Il les a ramenés à ce qu'ils sont véritablement. Il a dit aux Français : « Vous voyez, je peux très bien gouverner sans eux. » Alors que jusqu'alors, personne n'osait suggérer cela aux Français. Pourquoi ? Parce que le syndicalisme français s'est construit exclusivement sur l'opposition. Ce sont mes travaux historiques. J'ai travaillé sur le syndicalisme révolutionnaire, la CGT, la charte d'Amiens, etc. Aujourd'hui,

il n'y a plus de révolutions de classes à l'horizon, peut-être des révolutions futures, mais pas de classes comme les avaient envisagées Karl Marx ou même Fernand Pelloutier. Je crois qu'il n'y a d'avenir pour les grandes formations de travailleurs que dans une contribution originale à la vie de l'entreprise.

YT : Mais la société n'a-t-elle pas changé ? Le travail est de plus en plus individualisé, par rapport à ce que l'on a connu dans les années 1960.
JJ : Je crois qu'il y a une paresse intellectuelle du syndicalisme, comme des partis, et notamment des partis de gauche. Il y a une paresse intellectuelle des syndicats. Lorsque j'étais à la CFDT, nous avons toujours eu le souci, précisément, de concilier à la fois des positions qui étaient traditionnellement des positions, on disait « de classes », avec un souci de l'entreprise elle-même et de la production. On ne pouvait pas considérer que tout cela relevait exclusivement du patronat, de la direction, donc je crois qu'une société qui n'aurait plus ces corps intermédiaires serait malade, c'est un peu ce que nous vivons à l'heure actuelle.

YT : Vous êtes nostalgique du temps où il y avait encore des corps intermédiaires ?
JJ : Je pense que le chef de l'État a besoin de s'appuyer, non seulement sur les partis – ce n'est certes pas une canne très solide –, mais aussi sur tous les corps intermédiaires et cela, de Gaulle le savait.

YT : C'est ainsi qu'il a reconstruit la France ?
JJ : Tout à fait.

YT : C'est ce qui nous manque aujourd'hui pour retrouver un élan ?
JJ : Absolument. Ce qui m'inquiète, dans le cas d'Emmanuel Macron, c'est moins sa politique, parce qu'après tout, je trouve qu'il vient d'obtenir une grande victoire sur le plan de la santé et, par là même, une sorte de victoire psychologique. Sa politique économique, dont tout le monde disait qu'elle nous conduisait à la catastrophe, finalement tient mieux la route qu'on ne l'imaginait. Sa politique étrangère n'est pas tellement contestée, mais en revanche, sa solitude et le fait qu'il n'a pas cette représentativité qui était celle du général de Gaulle, voilà ce qui nous menace.

YT : Je voudrais vous faire écouter une musique, une chanson, qui va peut-être vous étonner.

> *« C'est ça la France*
> *Du laguiole à l'opinel, partager les saucissons*
> *C'est ça la France*[1]*... »*

C'est une chanson de Marc Lavoine : *C'est ça la France.* Dans cette chanson, il dit aussi : « Faut jamais les oublier les trois mots qui se terminent en "té". » Liberté. Égalité. Fraternité. Est-ce que ces trois mots, cette devise de la République française, ont encore une réalité, dans notre pays ?
JJ : Écoutez, je vous dirai que la liberté, oui.

---

1. © Avrep Ste Arl.

YT : Elle n'est pas menacée, contrairement à ce que beaucoup disent.
JJ : Les Français sont de plus en plus attachés à la liberté. Je leur reproche seulement de privilégier les libertés individuelles aux libertés collectives, politiques, publiques parce que, aujourd'hui, certains ont tendance à appeler liberté ce qu'on peut appeler aussi l'individualisme. Alors, faisons attention à ce que l'esprit de liberté qui est en nous ne se transforme pas en individualisme. L'égalité, c'est une passion française. Selon le coefficient de Gini, la France est un des pays les moins inégalitaires du monde. Il faut le dire.

YT : Est-ce que cette notion d'égalité n'a pas été un peu dévoyée en égalitarisme ?
JJ : Si, et je pense à l'école. L'échec de tous nos gouvernements successifs, c'est l'école. D'ailleurs, la revue *Challenges* a publié un sondage très intéressant. Quand on demandait aux Français quelle était la marque la plus significative du déclin de la France à l'échelle mondiale, ils disaient : « L'effondrement, ou l'affaissement… – je ne me rappelle plus le mot – de notre système scolaire. » Et c'est très juste. L'égalité ne doit pas empêcher l'excellence. Quand je vois que nous sommes le seul grand pays du monde qui n'a pas mis au point un vaccin contre la COVID-19, cela me désole.

YT : Cela vous chagrine ?
JJ : Comme citoyen ou comme membre de la Sécurité sociale. Quant à la fraternité, on l'a toujours revendiquée.

YT : Oui.

JJ : Je crois quand même que c'est celle qu'on a su le moins pratiquer parce que la France est un pays de Gaulois batailleurs.

YT : C'est bien vrai ? Nous sommes des Gaulois réfractaires ?
JJ : Il y a, si vous voulez, à certains moments, une exaspération de l'esprit de discussion, de débat, qui est notre fierté et notre gloire, mais en même temps, je pense que la fraternité est quand même la grande idée de la Révolution française, parce que l'égalité, la liberté, l'esprit de liberté et d'égalité existaient déjà. La Révolution n'a fait que les nommer ou les exacerber, etc. La fraternité était une idée nouvelle, était une idée belle. C'était une idée de la citoyenneté, et je crois que personne n'a été capable ensuite de reprendre cela à sa charge.

YT : C'était un peu aussi une valeur des chrétiens de gauche, non ? La fraternité ?
JJ : Je ne suis pas un chrétien de gauche. Je suis un homme de gauche croyant. Un jour, j'ai rencontré François Mitterrand. On n'avait pas des relations très faciles. En me reconduisant, il me dit : « Alors, vous n'êtes ni chrétien ni démocrate ? » Je lui dis : « Non, je ne suis pas un démocrate chrétien. Je suis un socialiste religieux. » « Ah, il faut qu'on en reparle. » On n'en a jamais reparlé.

*

YT : Je voudrais finir par vous soumettre à un petit questionnaire de Proust. Je voudrais vous demander ce qui représente pour vous, ou ce qui incarne, ce qui symbolise la France dans

votre imaginaire. Quel est le tableau qui, pour vous, représenterait ou symboliserait la France ?
JJ : Évidemment, on a tous envie de dire Delacroix, *La liberté guidant le peuple.* Mais j'aime aussi une France secrète, la France de Gérard de Nerval. Jean-Baptiste Camille Corot est un peintre du XIXe siècle, proche de l'esprit de Nerval. J'ai même trouvé un poème de Francis Carco qui dit ceci.

YT : Dans une anthologie, alors ?
JJ : Dans une anthologie. C'est même l'anthologie de mon épouse. « C'est le pays de Gérard de Nerval avec ses bois, ses sources, ses prairies, ses horizons chargés de rêveries, où le cerf brame et fait, de val en val, comme un caillou ricoche au clair de lune, etc. »

YT : Donc, *Souvenir de Mortefontaine* correspond à ça ?
JJ : Dans mon imaginaire, oui.

YT : Nous sommes dans l'Oise, dans le nord du bassin parisien.
JJ : Oui. C'est un paysage qui fait penser aux paysages de Nerval, au Valois, à toutes les régions rêveuses, et c'est un paysage rêveur. C'est peut-être le contraire de la France qu'on imagine toujours en état d'effervescence.

YT : C'est paisible ?
JJ : C'est paisible et il y a comme un dépassement. C'est un paysage spirituel.

YT : Très bien. Alors, si je vous dis un auteur, un écrivain, un poète, à qui pensez-vous ?
JJ : J'ai choisi Louis Aragon.

YT : Louis Aragon ?
JJ : Je vais vous citer quatre vers de ce dernier. Comme je me méfie de ma mémoire, je les ai écrits.

« Je vous salue, ma France, aux yeux de tourterelle.
Jamais trop mon tourment, mon amour jamais trop
Ma France, mon ancienne et nouvelle querelle
Sol semé de héros, ciel plein de passereaux. »

Qui est Louis Aragon ? Le grand poète communiste, mais pour moi, peu importe. Il a écrit cela en 1943, en pleine résistance : « Je vous salue, ma France aux yeux de tourterelle. » Je crois que résister au nom de la France aux yeux de tourterelle, c'est un bel idéal.

YT : Si vous aviez un paysage à nous proposer, ce serait lequel ?
JJ : C'est un paysage où je passe souvent. C'est sur le pont de l'Europe, à Avignon.

YT : On est à Avignon, au pont de l'Europe.
JJ : Nous sommes à Avignon. Nous arrivons de l'autre côté du Gard, et nous voyons cet ensemble monumental qui représente la France éternelle. À gauche, vous avez l'église Notre-Dame-des-Dons, et à droite, vous avez le palais des Papes. Il y a l'église Notre-Dame-des-Dons et il y a aussi le palais des Papes de Jean Vilar. Comment Jean Vilar a-t-il su ressusciter toutes les traditions françaises ? Je suis un amoureux inconsolable du théâtre de Vilar, non seulement parce que c'était beau, mais parce qu'il y avait aussi cette fraternité dont je parlais tout à l'heure. Pour moi, c'est ce que représente ce paysage, c'est cette alliance.

YT : Alors, pour finir, un personnage historique.
JJ : J'en ai choisi trois, trois qui incarnent la résistance française.

YT : Il y a Jeanne d'Arc.
JJ : Évidemment. Il y a Jeanne d'Arc. Il y a Georges Clemenceau et Charles de Gaulle. Ce sont trois personnages de guerre et, en même temps, personnages d'unité nationale. Au fond, je crois qu'ils avaient à peu près – même si de Gaulle l'a exprimé d'une manière inoubliable –, la même idée de la France, même si la première, Jeanne d'Arc, c'était la chrétienté. Le second, Georges Clemenceau, c'était l'universel républicain. Et Charles de Gaulle, c'était la tentative réussie de synthèse entre les deux.

YT : Belle conclusion. Magnifique. Merci, Jacques Julliard, de nous avoir accordé cet entretien.
JJ : C'est un plaisir pour moi.

Rachel Khan

(Ex championne d'athlétisme, juriste, essayiste)

« *La France est un cadeau.* »

Être noire n'est pas son métier, pas plus que d'être « le jouet sombre au carnaval des autres », pour reprendre une formule d'Aimé Césaire, l'inventeur de la négritude avec Léopold Sédar Senghor. Née en 1976 d'une mère juive polonaise, libraire de métier, et d'un père gambien, professeur d'université, Rachel Khan a une ascendance peu banale. À cela, elle ajoute un parcours professionnel pas moins original. Elle a été, tour à tour, championne de France d'athlétisme, actrice, conseillère politique de Jean-Paul Huchon, alors président de la région Île-de-France, et directrice de centre culturel. Elle écrit désormais des essais et participe à de nombreux débats télévisés.

Son dernier livre, *Racée*, paru en 2021 aux éditions de l'Observatoire, est une critique de notre époque. De cette tendance à vouloir assigner tout le monde à sa couleur de peau, à ses origines, à sa minorité ; ou à celle, au contraire, qui

milite pour la « bienveillance inclusive », prétexte à l'expression de toutes les haines. L'antiracisme est devenu l'école du racisme. Rachel Khan, qui ne compte pas que des amis, lutte contre cette société gangrenée par les « crispations identitaires et les oppositions stériles en tous genres ».
Noire et juive, africaine et européenne, elle revendique d'être une « additionnée », selon le mot de son écrivain préféré, Romain Gary. Il a su, dit-elle, « apporter une lumière singulière et essentielle » à sa « construction ». On doit comprendre que Rachel Khan est « racée, mais pas casée ». « Elle n'est pas de la diversité, elle a la diversité en elle », nuance-t-elle.

Yves Thréard : Rachel Khan, si vous deviez qualifier la nation française, que diriez-vous ?
Rachel Khan : Je dirais que c'est un mouvement, que c'est un mouvement politique autour de principes fondamentaux : liberté, égalité, fraternité. C'est autour de cela que l'on doit en permanence construire.

YT : Vous reprenez ce que disait l'écrivain Ernest Renan sur l'identité française, c'est-à-dire que c'est quelque chose qui se construit au fur et à mesure.
RK : Complètement. Nous sommes un peuple politique, ni ethnique ni religieux, mais politique. C'est comme cela que la nation est en voie de se construire en permanence.

YT : Récemment, Jean-Luc Mélenchon, le chef de La France Insoumise, a dit que la France était en voie de créolisation, que c'était un fait, qu'on ne pouvait rien faire contre, que l'on soit d'accord ou pas, et il reprenait une expression et

un terme qui avaient été utilisés par Édouard Glissant, un philosophe antillais. Qu'est-ce que vous en pensez ? Qu'est-ce que vous dites à Jean-Luc Mélenchon ?
RK : Qu'il n'a pas lu Édouard Glissant et que, par ailleurs, ni Jean-Luc Mélenchon ni Éric Zemmour, qui lui a répondu, ne l'ont lu. Ils confondent créolisation et métissage. J'ai eu la chance de travailler avec Édouard Glissant en 2010, et la créolisation ce n'est pas du tout cela. La créolisation, c'est une notion qui part des Antilles, et pour Édouard Glissant, c'était de dire que les Antilles sont nées du chaos, nous prenons en compte le chaos qu'a été l'esclavage pour en faire quelque chose. Les Antilles ont été obligées de s'ouvrir sur le monde, et donc de rentrer en relation, parce que c'est une philosophie de la relation, la créolisation. Ce n'est pas une question d'ethnicisation, de races pures ou impures. Ce n'est pas du tout cela, c'est de voir comment, en faisant relation, notre identité est une identité en mouvement, une identité qui n'est pas figée, donc une identité politique.

YT : Qui nous ramène à ce que vous disiez.
RK : Exactement.

YT : Vous, vous avez une identité particulière. Le mot « afro-yiddish » est de vous, parce que vous êtes née d'une mère d'origine juive polonaise, et d'un père d'origine africaine, de Gambie, un petit État enchâssé dans le Sénégal, en Afrique de l'Ouest. Qu'est-ce que c'est, d'être afro-yiddish ?
RK : Afro-yiddish, c'est être à 1000 % française. Dans mes veines, il y a l'ensemble de l'histoire de France. S'il n'y avait pas eu ces drames, ces chaos, comme la Shoah, la colonisation, puis l'immigration, je ne serais pas là. Être afro-yiddish, c'est

avoir une identité en mouvement et toujours aller chercher ce que je n'ai pas dans mon pédigrée, c'est-à-dire d'être dans ce mouvement qui va vers l'autre et vers l'ensemble de la culture étrangère qui peut vivre en France.

YT : C'est pour cela que vous n'aimez pas être assignée à résidence. Vous avez écrit un livre qui a beaucoup de succès, qui s'intitule *Racée*[1], et dans ce livre, vous dites : « Arrêtons d'assigner les gens à résidence, "toi, tu es arabe, toi, tu es noir", et de les renvoyer à leur communauté. » C'est un mouvement récent que de vouloir assigner les gens à résidence ?
RK : C'est aux antipodes de nos fondamentaux. Nous sommes le pays des Lumières, le pays de la recherche perpétuelle de son identité. Le Français, pour moi, ce que nous sommes, c'est « Je suis ce que je serai », quelqu'un en devenir, une nation toujours en devenir dans ce mouvement-là et avec le travail sur nos humanités pour pouvoir devenir encore plus une nation, encore plus cette République démocratique et cet État de droit. En réalité, aujourd'hui, nous avons vu ce phénomène qui nous vient des États-Unis, et qui consiste à nous diviser. Notamment pour les artistes, le fait qu'un artiste d'une telle couleur de peau doive se circonscrire à une expression qui correspond aux clichés de lui-même. Ce n'est pas la liberté.

YT : C'est un courant des États-Unis, c'est l'intersectionnalité, c'est la *woke culture*, qui consiste à balayer aussi le passé, d'une certaine façon.

1. Éditions de l'Obseervatoire, 2021.

RK : La *woke culture* et la *cancel culture* écrivent l'histoire avec une gomme, ce qui est dangereux, puisque cela signifie que l'on ne peut pas tirer de leçons et d'enseignements de l'histoire, et donc que l'on est prêt à recommencer avec des névroses ségrégationnistes, des réunions en non-mixité, des choses complètement aberrantes qui disent n'importe quoi de nous et qui disent n'importe quoi de nos lumières et de nos humanités.

YT : Est-ce que la liberté d'expression en France, alors qu'on s'en prévaut, est menacée, à ce titre-là ?
RK : Oui.

YT : Oui ?
RK : C'est extrêmement dangereux. Cela me fait beaucoup de mal.

YT : À la sortie de votre livre, vous avez eu des critiques très dures, qui disaient : « Elle dit n'importe quoi ! On ne devrait pas pouvoir dire ça ! »
RK : On m'a demandé de me taire.

YT : C'est vrai ?
RK : Bien sûr. On m'a demandé de me taire. On a mis un système en place, qui fonctionne avec les réseaux sociaux aussi, puisqu'ils empêchent une certaine forme de démocratie et de liberté d'expression.

YT : Ils l'accentuent, je dirais.
RK : Exactement. On m'a fait comprendre que, ayant cette couleur de peau, je ne pouvais pas aimer la France, pas ainsi que je le déclare en tout cas. Après, on a un symbole très fort

en France, qui est celui de nos caricatures. Finalement, il y a les caricatures qui ont été entachées, très clairement, il y a notre humour qui est entaché, notre liberté de créer ou, par exemple, si vous êtes une femme noire, vous devez rentrer dans des rôles d'une femme noire. À l'époque, j'avais écrit un livre avec seize comédiennes qui disaient : « Noire n'est pas mon métier. » Cela veut dire que la couleur de peau ne doit pas rentrer dans le champ artistique, parce que les artistes sont les législateurs de l'ombre, donc si nous ne sommes plus là pour créer en liberté et montrer la voie aux politiques, il ne pourra plus rien se passer.

YT : C'est joli, « législateurs de l'ombre ».
RK : J'ai ce sentiment que, si nous ne sommes pas là pour déceler les endroits où il faut aller, par rapport à la nation, à la République, le politique ne peut pas s'emparer de ce qu'il doit défendre à l'Assemblée nationale. Vous savez, avant les symphonies de Mozart, avant certaines grosses guerres, vous aviez des compositeurs dans la musique desquels on entendait déjà des bruits de canon, qui annonçaient qu'il allait se passer quelque chose. Les artistes sont là pour vivre et pour dire leurs intuitions.

YT : Je voudrais que l'on écoute quelqu'un qui a une certaine idée de la France, le général de Gaulle. C'était entre les deux tours de la première élection présidentielle au suffrage universel direct, en 1965.

> « Je me fais en effet de la France une certaine idée. Je veux dire par là qu'à mon sens, elle est quelque chose de très grand, de très particulier. C'est, du reste, je le pense, ressenti par le monde entier [...] C'est vrai, la France est

> une chose, à mes yeux, très considérable, très valable. Et elle doit avoir dans le monde quel qu'il soit, à toute époque, naturellement d'après les circonstances, elle doit avoir un rôle à elle. Il faut que la France joue son rôle, c'est exact. Et pour qu'elle joue son rôle, il faut qu'elle soit la France. Les Français. Les Français, c'est eux qui font la France. C'est eux qui en sont responsables [...] La France est plus que les Français du moment. La France vient de loin. »

La France vient de loin, déclare de Gaulle, elle vient d'Afrique aussi.
RK : Oui.

YT : L'avenir de la France, d'une certaine façon, n'est-il pas lié, justement, à l'Afrique ? On sait que, dans vingt-cinq ans, l'Afrique aura une démographie qui aura doublé, c'est-à-dire qu'on passera de plus d'1 milliard à plus de 2 milliards d'habitants. Je vous pose cette question parce que, évidemment, vous avez des origines gambiennes.
RK : Oui, je suis binationale. D'ailleurs, c'est un pied de nez parce que, souvent, les binationaux sont un peu montrés du doigt. Je revendique d'être 100 % française et 100 % de mon autre pays, il n'y a pas de moitié-moitié.

YT : Pas de moitié-moitié ?
RK : Non.

YT : Vous allez souvent en Gambie ?
RK : Oui. Là, il y a eu la crise COVID, mais tous les ans, je vais en Gambie et au Sénégal.

YT : Ce qui est intéressant, c'est que la Gambie soit un pays anglophone. Vous avez cette dualité : vous êtes à la fois 100 % gambienne, 100 % française ; 100 % francophone, 100 % anglophone.
RK : Exactement.

YT : Comment vit-on cela ?
RK : C'est toujours très intéressant. Je ne peux jamais faire les choses simplement. Je suis très touchée par l'extrait que l'on vient de voir. Je suis très touchée, parce que le général de Gaulle est un sacré bonhomme. Évidemment, on peut ne garder que les mauvais moments de son histoire, mais c'est quand même l'homme de l'appel du 18 juin, mais c'est aussi l'homme, par rapport à l'Afrique, qui a beaucoup travaillé… Et notamment, je pense à Léopold Sédar Senghor.

YT : Léopold Sédar Senghor, dont on fête cette année le 20e anniversaire de la mort.
RK : Exactement. Il était sérère, comme mon père, et ce sont des personnes extrêmement lettrées. Et lorsque le général de Gaulle dit : « La France est là pour montrer une voie, pour montrer une lumière », il y a beaucoup d'hommes en Afrique qui ont suivi ce chemin-là, ce qui leur a sauvé la vie.

YT : Il y a des grands auteurs africains francophones, Léopold Sédar Senghor en fait partie. La francophonie, c'est la vocation de la France ?
RK : Complètement. Je crois, notamment par rapport aux dogmes *woke* et décoloniaux, que c'est assez déroutant puisqu'il

y a tout un processus décolonial aujourd'hui, alors même que la décolonisation a été faite à la fin des années 1960.

YT : Avec le général de Gaulle.
RK : Ce sont des gens qui arrivent après la bataille. Comme si on voulait rejouer un match, mais c'est déshonorer nos parents qui ont vécu la décolonisation. La France a un rôle puisqu'elle fédère aussi ces États et l'ensemble de ces ethnies. Les décoloniaux aujourd'hui vont faire des réunions entre eux en parlant français. Je suis très étonnée. S'ils sont décoloniaux, ils ne doivent pas parler français.

YT : Ils devraient parler leur langue vernaculaire.
RK : Exactement. Donc là, on partirait dans des incompréhensions totales. Ce qui est joli dans cette francophonie, c'est de faire avancer cette belle langue des nuances, de la complexité, cette langue qui résonne de l'Amérique du Nord jusqu'à l'Afrique en passant par la France, la Belgique, la Suisse, c'est assez fabuleux et c'est une exception française.

YT : Certes, mais s'en sert-on suffisamment par rapport, par exemple, au Commonwealth ? Vous avez un pays africain, qui s'appelle le Gabon, et qui a récemment adhéré au Commonwealth. C'est assez étonnant, alors que le Gabon est complètement francophone. Cette francophonie, la revendique-t-on suffisamment ?
RK : Non, pas assez. Notamment la richesse qu'est la francophonie. J'étais au Rwanda, c'était assez incroyable. Là aussi, avec la langue, on est dans une ambivalence. Surtout par rapport à ce qu'il s'est passé avec le génocide. Je crois que nous ne sommes pas assez fiers de notre langue, la

langue de la poésie, la langue des résonances, et en cela, les artistes ont un vrai pouvoir pour redonner à cette langue ses lettres de noblesse à travers des continents qui sont en souffrance. Ce n'est pas nier les souffrances et les traumas que de dire : on va tresser avec la francophonie les moyens de nous réparer à travers le monde.

YT : Vous avez parlé de Léopold Sédar Senghor, le premier président de la République sénégalaise. Il était anticolonial et non pas décolonial. Il luttait contre la colonisation, tout en revendiquant un terme qui ferait bondir tout le monde : la négritude.
RK : Oui.

YT : Est-ce quelque chose que vous voudriez aussi cultiver ?
RK : Tout à fait, et cela me fait mal au cœur lorsque dans certains livres, on veut gommer le mot « nègre ». Ce terme affiché de « négritude », c'était resté digne avec cette histoire d'esclavage, de la colonisation, de personnes traitées comme des moins que rien, et tout en étant les mêmes nègres qu'avant, on va vous écrire des livres encore plus humains, qui vont ouvrir une autre voie de la littérature. Voilà qui est intéressant. C'est un ajout. Il faut le revendiquer et il faut le préserver. Pour l'anecdote, Léopold Sédar Senghor était aussi professeur de latin dans mon lycée Descartes, à Tours.

YT : Oui, il a commencé en métropole.
RK : Exactement.

YT : Au lycée Descartes, à Tours. Il était agrégé de grammaire.

RK : Je me demande quels sont les décoloniaux qui parlent le latin.

YT : Votre livre *Racée*, et ceux que vous avez écrits avant, ce sont des livres généralement de coups de gueule, de colère. Aujourd'hui, vous êtes victime du racisme ou de l'antiracisme?
RK : En réalité, je ne suis victime de rien.

YT : De rien du tout? Vous n'êtes pas pour cette position victimaire qui est véhiculée un peu partout?
RK : Non, je suis plutôt révélatrice de quelque chose. Les livres que j'ai écrits depuis 2016 parlent toujours de la même chose au fond... Mon roman *Les Grandes et les Petites Choses*, c'était de la grande histoire de la Shoah, de la colonisation et de ma petite histoire française où je revendique le drapeau aussi à travers le sport. J'ai été championne de France.

YT : Vous avez fait beaucoup de métiers. Et ce n'est pas fini.
RK : C'est grâce à mon pédigrée.

YT : Vous êtes constamment en évolution.
RK : Je suis contre l'essentialisme. Ayant pris plusieurs graines un petit peu du monde entier et des différents récits, j'essaie de me construire un récit qui soit vraiment très large, avec beaucoup de palettes, beaucoup de couleurs.

YT : Il faut en avoir le talent.
RK : Il faut bosser. C'est un peu le drame aujourd'hui. J'ai l'impression que les gens ne se mettent plus au travail. C'est facile de naître avec une certaine couleur de peau,

une religion, de se dire victime et de faire de l'autre un bourreau.

YT : C'est le problème aujourd'hui. C'est un des problèmes ?
RK : Dans mes livres, c'est cela que j'énonce et que je souligne : le fait que l'on pointe du doigt, que l'on crée la culpabilité en se victimisant.

YT : Si on veut, on peut, en France.
RK : Complètement. Je trouve que le rêve américain n'est plus, aujourd'hui. C'est plutôt devenu un cauchemar américain avec toutes ces divisions, avec Trump et toutes ces histoires. Et puis dans les universités, les gens vous empêchent de penser, de réfléchir. La richesse intellectuelle s'est appauvrie considérablement. Je suis d'accord avec de Gaulle : nous avons un vrai rôle parce que nous sommes encore l'un des bastions qui préservent cette liberté d'expression et la démocratie.

YT : C'est à nous de porter la défense des droits, des libertés à travers le monde, même quand c'est compliqué ?
RK : Oui.

YT : Il faut pouvoir parler avec tout le monde, les pires dictateurs et les pires ennemis ?
RK : Complètement. Comme nous l'avons fait depuis toujours, en étant dans notre histoire de France, dans ce récit-là, mais en revanche, il faut être extrêmement exigeants sur nos principes fondamentaux.

YT : Je vais vous faire écouter une chanteuse. Vous allez me dire si vous êtes d'accord avec elle.
Extrait de *Ma France à Moi,* Diam's.

> *« Ma France à moi, elle se mélange, ouais, c'est un arc-en-ciel*
> *Elle te dérange, je l'sais, car elle ne te veut pas pour modèle, non*
> *C'est pas ma France à moi cette France profonde[2]... »*

C'est Diam's. C'est une chanson qui a quelques années. Diam's dit : « J'aime la France qui se mélange, mais je n'aime pas non plus la France profonde. » La France de la ruralité, des campagnes, ne nous apprécie pas beaucoup quand on vient de la diversité, dit-elle. C'est un mot que vous approuvez ?
RK : Non.

YT : Non ? Ça ne m'étonne pas. Qu'est-ce que vous dites de cette chanson de Diam's ? Vous la connaissiez, cette chanson ?
RK : Oui. Sur le mot « diversité », vous savez, moi c'est à 35 ans que l'on m'a appris que « toi, tu es de la diversité ». C'est assez troublant. Je ne suis pas née de la diversité.

YT : Le mot n'existait pas à l'époque.
RK : Ensuite, quand je réécoute Diam's, cela me rend un peu nostalgique parce que c'est un talent d'auteur, c'est un talent de rappeuse, et elle parle de la France d'aujourd'hui. J'ignore si aujourd'hui les rappeurs pourraient utiliser le mot « France ». « Ma France à moi ». C'est extrêmement fort par rapport à ces gens qui fantasment sur le fait de ne pas être français. Là, elle le revendique. On a peut-être vingt ans

---

2. © Universal Music Publishing Mgb France.

de décalage entre la sortie de cet album et aujourd'hui. J'ai l'impression qu'aujourd'hui cela s'est cristallisé à certains endroits, par le fait que les territoires soient des territoires de repli. Sauf qu'à cette époque-là, j'ai l'impression que les territoires de cette France mélangée étaient ouverts, et qu'aujourd'hui, eux aussi sont en repli. C'est ce qui me fait mal dans la France d'aujourd'hui.

YT : Si vous aviez un rêve pour la France, ce serait lequel ?
RK : Ce serait un rêve de fierté.

YT : Vous êtes fière de la France ?
RK : Très fière, et j'adorerais que tout le monde partage cette fierté.

YT : Pourquoi n'est-ce pas possible ?
RK : J'ai l'impression qu'on s'autocensure, qu'on est un peu déprimé. On ne se satisfait pas de notre sort. Jamais. Je crois, et notamment par rapport aux jeunes, qu'il faut que la France reste ouverte sur le monde pour qu'ils puissent vivre ailleurs. Quand ils reviendront, ils comprendront à quel point la France est un cadeau.

YT : Vous la prenez comme un présent ?
RK : Oui ! De toute façon, je vous l'ai dit, je lui dois la vie.

YT : Pour vous, c'est essentiel ?
RK : Oui, et surtout, j'ai l'impression qu'on ne se saisit pas du cadeau, on ne se saisit pas des richesses. Il ne suffit pas de dire que c'est un cadeau. Dans ce patrimoine extrêmement riche, cette culture extrêmement riche, il n'y a pas de

Français type, c'est ce que j'aimerais dire, moi, aux jeunes générations. Nous sommes français non pas par notre visage, mais par un état d'esprit qui est en lien avec cette liberté et cette manière d'embrasser notre histoire et notre culture.

YT : Quand il est question de la France, du drapeau français, est-ce qu'il vous arrive de verser une larme, justement, d'émotion, quand on parle de la France ou quand la France fait quelque chose de grand ?
RK : Oui, moi, c'est mon passé de sportive. C'est vrai que les Jeux Olympiques…

YT : Quand vous voyez un champion ou une championne française qui reçoit une médaille, vous êtes émue ?
RK : J'en ai des frissons.

YT : C'est un peu vous qui êtes couronnée ?
RK : C'est tout le monde qui est couronné ensemble, justement. Vous savez, dans les stades, on a quand même vécu à la fois les plus belles victoires de l'humanité et à la fois les plus grands drames. On parlait du Rwanda, le Vel'd'Hiv'… Quand on doit célébrer un drapeau au sein d'un stade, c'est toujours une grande émotion pour moi. Il y a toujours une part de victoire de nos humanités.

YT : De toutes vos carrières, laquelle vous a le plus emportée, si je puis dire ? Vous êtes écrivain, vous êtes actrice… Vous avez fait de la politique, dans l'ombre, vous avez été athlète de haut niveau, puisque vous avez gagné le 4 x 100 m au championnat de France.
RK : J'étais en équipe de France.

YT : C'est incroyable de faire tout cela.
RK : Comme pouvait le dire Romain Gary, c'est toujours une histoire de conjugaison ou d'addition. Nous sommes des additionnés.

YT : Vous êtes une additionnée par vos origines et par vos métiers ?
RK : Exactement. C'est très important, parce que cela se conjugue, cela se répond. Quand je dois m'entraîner sur un rôle, par exemple, cela va se conjuguer avec la politique... Être bien dans son corps et aller chercher la victoire. Il faut voir ce que les athlètes ont comme entraînements !

YT : Vous savez de quoi vous parlez !
RK : Il n'y a pas de victimisation possible, quand on est dans cette exigence. C'est soi-même.

YT : On est à la hauteur ou pas.
RK : Oui, on se bat contre soi-même. Quand on est athlète, il y a toujours un moment singulier, notamment dans les courses, où l'on doit se rassembler en soi-même. Il ne faut jamais oublier qu'on est morcelé, que notre souffrance intime vient de là, et que tout le monde souffre. Pas plus les uns que les autres. Quand il y a des génocides dans le monde, tout le monde souffre. Ce sont des crimes contre l'humanité.

*

YT : Je vais vous soumettre à un petit questionnaire de Proust. Quel est le tableau qui, pour vous, symbolise le mieux la France ?
RK : La toile de Jouy.

YT : On a choisi la toile de Jouy qui représente la fête de la Fédération. Nous sommes un an après la Révolution française, au Champ de Mars, et c'est la fête de tous les fédérés. Pourquoi la toile de Jouy ?
RK : Son histoire et son récit me fascinent. Au niveau de la forme, je trouve cela très apaisant, et puis ce sont des scènes de vie. Donc, la toile de Jouy laisse quand même une trace dans nos histoires. Cela fait partie de ce que les « colons » sont allés chercher sur la route des Indes, ils ont ramené les Indiennes, puis en ont fait des toiles de Jouy, donc avec des motifs, des scènes de vie, de la vie quotidienne, de la Révolution, et puis ensuite, comme on est quand même dans la période de l'esclavage…

YT : Oui, c'est au XVIIIe siècle.
RK : Ils sont allés sur le continent africain avec ces toiles de Jouy en changeant les motifs, en les africanisant, et c'est de la monnaie pour esclaves. C'est assez fascinant, parce que les gens qui revendiquent – notamment les décoloniaux – l'indépendance de l'Afrique, etc., lorsqu'ils mettent des tissus africains, ils ne se rendent pas compte qu'en fait il s'agit de la monnaie d'esclaves.

YT : Si c'était un écrivain ?
RK : Romain Gary. C'est mon fil rouge.

YT : Qui, lui aussi, a des origines qui viennent de l'est.
RK : De l'est, et aussi dans sa vie, son rapport à l'Afrique, aux États-Unis, au monde entier... Et puis surtout, cette obsession de liberté, cette obsession de se construire un récit autre, et le fait que cela se passe en France, c'est-à-dire qu'il a choisi de rester dans ce pays pour pouvoir se construire une vie qui ressemble à des œuvres.

YT : Avec son passé de grand résistant.
RK : Non assigné, et non assignable.

YT : Si la France était un personnage historique ?
RK : Jean de La Fontaine.

YT : Pourquoi lui ? C'est pour les fables ?
RK : Oui. Déjà, il y a ce côté très apaisant. Peut-être que c'est en écho avec nos enfances.

YT : Cela peut être très violent, ce qu'il raconte.
RK : Tout à fait, mais il y a quand même quelque chose de l'enfance chez Jean de La Fontaine, et puis c'est un personnage qui nous livre des fables qui sont interprétables tout au long de notre vie. Jean de La Fontaine, c'était quand même une innovation et un génie inouïs.

YT : Pour finir, si c'était un paysage, lequel choisiriez-vous ?
RK : Les châteaux de la Loire.

YT : Vous avez choisi Chenonceaux.
RK : C'est très émouvant, parce que je suis née en Touraine, donc c'est aussi un petit côté chauvin de ma part, avec les

châteaux de la Loire. Ce qui me touche, ici, c'est qu'on est dans un patrimoine et que la Loire coule en mouvement.

YT : On est toujours dans le mouvement. C'est un leitmotiv chez vous.
RK : Oui, parce que c'est la vie ! Aujourd'hui, j'ai l'impression que la société se divise vraiment entre ceux qui ont une stratégie morbide sur la déconstruction, la destruction, et ceux qui veulent bâtir et construire avec notre passé. Là, c'est joli parce qu'il y a notre patrimoine qui est présent. On ne va pas le déboulonner, même s'il y a des côtés négatifs et des côtés positifs, et dans le même temps, il y a ce mouvement et la Loire qui coule, qui est notre plus grand fleuve national.

YT : C'est le mot de la fin, un beau mot de la fin. Merci, Rachel Khan.
RK : Merci à vous.

Gaspard Kœnig

(Philosophe, essayiste, voyageur)

« *Ma France prend corps en 1789.* »

Est-ce par esprit de contradiction ? Né dans une famille d'intellectuels de gauche, père et mère journalistes de profession, Gaspard Kœnig est devenu l'un des représentants les plus brillants, et donc respectés, de la pensée libérale. Inutile de préciser que ce philosophe de 40 ans, reçu major à l'École normale supérieure, ne fait pas semblant. Ses convictions sont profondes et il sait les mettre à l'épreuve de la réalité. S'afficher libéral en France, c'est presque une provocation insupportable, une insulte en ce pays biberonné à l'Étatisme. En 2002, Alain Madelin, qui se réclamait de cette famille politique, a recueilli 3,9 % des suffrages au premier tour de l'élection présidentielle. Une goutte d'eau ! Gaspard Kœnig, qui a décidé de se présenter à la présidentielle de 2022 (plusieurs semaines après notre entretien), fera-t-il mieux ?

Gaspard Kœnig voyage beaucoup, c'est ainsi qu'il puise son inspiration. Il étudie à l'université américaine de Columbia où il rencontre, en boîte de nuit, sa future femme, de nationalité roumaine. Pour se marier avec elle, il se convertit au christianisme orthodoxe. Puis il expérimente le microcrédit au Pérou, la prison ouverte en Finlande, la légalisation du cannabis au Colorado, avant de s'intéresser à l'intelligence artificielle dans la Silicon Valley. Ses dernières pérégrinations l'ont fait parcourir des milliers de kilomètres à cheval, entre Bordeaux et Rome, sur les traces de Montaigne. On est alors en plein confinement en Europe. En sort un livre, *Notre vagabonde liberté*[1], une espèce de retour à la terre et aux sources pour un esprit jusque-là mondialisé, tourné vers les technologies les plus pointues.

Gaspard Kœnig a aujourd'hui un autre dada : la chasse à la bureaucratie qui étouffe la France depuis des lustres. Il l'explique dans *Simplifions-nous la vie*[2] *!* Dans la foulée, il vient de lancer un mouvement politique, baptisé Simple. Toujours, Kœnig allie la pratique à la réflexion. Jusqu'où ira-t-il ?

Yves Thréard : Gaspard Kœnig, l'exercice du pouvoir est-il trop solitaire en France ?

Gaspard Kœnig : L'exercice du pouvoir est surtout trop personnel. Depuis 1962, le président de la République est élu au suffrage universel, ensuite le passage au quinquennat, l'inversion du calendrier et les changements constitutionnels ont fait que le Président a toujours plus de pouvoir et le Parlement toujours moins de contre-pouvoirs. De ce

1. Éditions de l'Observatoire, 2021.

2. Avec Nicolas Gardères, Éditions de l'Observatoire, 2021.

fait, on s'attend encore et toujours – ce qui paraît fou au XXIe siècle – à ce qu'un homme prenne, seul, l'ensemble des décisions. J'ai trouvé incroyable la manière dont l'actuel président a résolu, en tout cas médiatiquement, la crise des Gilets jaunes en faisant son tour de France. Il allait dans les assemblées communales, puis les gens lui exposaient leurs problèmes et lui était tout seul, sans conseillers, sans fiches, sans ordinateur, sans rien. Il avait réponse à tout. Il disait aux gens : « Oui vous avez un problème de voirie, mais nous avons un plan, nous allons vous aider. »

YT : Cela lui a réussi finalement ?
GK : Cela lui a réussi. On entretient ce mythe du « président guérisseur des écrouelles », mais ce n'est pas soutenable. On voit très bien qu'en France, quand on n'est pas d'accord avec le pouvoir, on a deux options : la plume ou la rue. C'est très infantile, au fond, comme rapport à la démocratie.

YT : Est-ce que l'action politique, celle que vous venez de décrire, arrive encore à changer la vie des gens ? Est-ce que le fait que ce pouvoir soit très personnel, très vertical, fait que l'on arrive à faire bouger les choses dans ce pays ?
GK : Paradoxalement et étonnamment, plus le pouvoir est concentré, moins il est efficace. On voit très bien, par exemple, que les ministres des Finances ont davantage changé pendant la Ve République – qui est soi-disant une République stable – que pendant la IVe République. D'ailleurs, quand on prend l'histoire de la IIIe et de la IVe, qui a largement été sous-estimée par les manuels de la Ve, c'est vrai qu'il y a eu des grandes réformes, il y avait de grands orateurs qui obtenaient des majorités et qui ensuite poussaient des

programmes sur le fond, sur les idées. Mais aujourd'hui, comme le président est censé être l'incarnation de la nation, sa première urgence en arrivant au pouvoir est de rassembler tout le monde. Ils disent d'ailleurs constamment cela dès qu'ils sont élus : « Je vais gouverner avec tout le monde, rassembler tout le monde, tous les Français. » Là est le drame fondateur, comme le président représente tous les Français, il ne peut plus être clivant. D'ailleurs si vous regardez, les réformes les plus radicales ont eu lieu en période de cohabitation. Les 35 heures de Lionel Jospin, les privatisations de Jacques Chirac, il s'agissait d'un camp politique qui avait gagné les élections, qui n'était pas là pour rassembler, mais pour faire son programme, et donc agir de manière assez tranchante.

YT : Si je vous écoute bien, le régime de la Vᵉ République n'est pas la panacée par rapport à la IIIᵉ ou à la IVᵉ République qui, dans l'histoire de France – telle qu'on l'enseigne à l'école aujourd'hui –, sont plutôt critiquées en raison de leur instabilité ?
GK : Dans le *think tank* que je dirige, on avait fait venir un historien de la IIIᵉ République, qui avait un peu essayé de contredire le mythe qui s'est propagé depuis une cinquantaine d'années. Je rappelle quand même que, de 1870 à 1962, avec évidemment l'exception du régime de Vichy, la France a vécu presque un siècle en régime parlementaire et que ce fut la Belle Époque, le franc fort, les décolonisations… Nous avons fait des choses, ce n'était pas un régime impuissant. C'était un régime qui respectait les différentes opinions parce qu'il y était contraint, qu'il y avait des alliances au Parlement – ce que l'on voit encore en Angleterre ou en Allemagne. Pour

moi, le problème ce n'est pas la Ve République, c'est 1962 et le réferendum sur l'élection au suffrage universel direct du chef de l'État, qui a été unanimement critiquée par la classe politique à l'époque. Les libéraux comme Raymond Aron, Jean-François Revel, ont toujours été vent debout contre ce qu'ils considéraient être un plébiscite bonapartiste. Au fond, Pierre Rosanvallon explique – je ne l'avais pas réalisé jusqu'alors – qu'à part les États-Unis avec leurs contre-pouvoirs, c'était la première fois dans les grandes démocraties occidentales traditionnelles que ce type de suffrage était remis en vigueur. Ensuite, cela s'est propagé à l'Afrique qui se décolonisait, dans les pays de l'Est grâce à la chute du mur de Berlin, en Amérique latine avec la fin des dictatures militaires. Au fond, selon Pierre Rosanvallon, c'est vraiment cet acte de De Gaulle qui a répandu dans le monde le système présidentialiste, aujourd'hui à son apogée avec des figures telles que Vladimir Poutine, Xi Jinping…

YT : Avec ces exemples, nous sommes dans des pays autoritaires quand même. Des dictatures, ou des autocraties.
GK : Oui, mais regardez, le président de la Russie est élu au suffrage universel tous les six ans. On peut parler des États-Unis, mais aussi du Brésil, je pense qu'il y a dans ce système présidentiel une porte ouverte au populisme. On attend d'un seul homme qu'il décide de tout, donc on va l'aimer, on va le détester, on va se battre sur une figure, sur un comportement, sur des émotions. La question c'était : « Est-ce que les élections peuvent changer la vie des Français ? » mais le problème est que les Français ont leur vie qui change, parce que telles mesures sont adoptées et rejetées, mais ils n'ont pas l'impression qu'ils contrôlent ce changement-là, qu'ils

en ont la maîtrise, que cela vient de l'intérêt général, de la volonté générale, que le Parlement reflète leur opinion. Ils ont l'impression que ce sont des choses imposées d'en haut, par un pouvoir politique qui leur est étranger ou par une administration qu'ils ne comprennent plus. Je pense que la démocratie s'apprend avant tout en local, comme le disait Tocqueville. Personnellement, je serais favorable à ce qu'on ait beaucoup plus de démocratie locale, c'est-à-dire de compétences locales, de procédures référendaires locales, de possibilité de lever l'impôt aussi, parce que cela oblige tout le monde à prendre ses responsabilités...

YT : Un régime de différenciation d'une région ou d'un département à l'autre ? Vous êtes plutôt favorable à cela ?
GK : Je trouve que cette idée de la France, de la République une et indivisible est une idée très autoritaire. On a essayé d'imposer à la France un modèle jacobin qui, je pense, ne lui correspond fondamentalement pas, qui n'est pas le sien. Il faut lire un peu les historiens alternatifs...

YT : Lesquels ?
GK : Eugen Weber, historien américain d'origine roumaine qui a écrit *La Fin des terroirs*, un livre de six cents pages. Il m'a beaucoup impressionné parce qu'il montre combien la France du XIXe siècle était encore une France incroyablement diverse, où chaque région avait ses traditions, son patois, son éducation, son système de pensée, son système de croyances.

YT : C'est donc l'État, trop fort, qui a mis sous le boisseau toutes ces différences ?

GK : Par exemple, regardez comment la République a éradiqué les dialectes. L'Abbé Grégoire pendant la Révolution française en fait une obsession : « Il faut éradiquer les dialectes. » Les instituteurs de la IIIe République sont là pour punir les élèves qui ne vont pas parler français.

YT : Les Bretons en savent quelque chose.
GK : Exactement, et pendant la Première Guerre mondiale, on apprend dans le sang à parler français. Dans les tranchées, plus de 50 % des soldats ne comprennent pas les ordres de leurs officiers supérieurs. Ils sont obligés d'apprendre le français pour s'unir, mais pour s'unir dans le drame. La langue française, avant l'Académie française, est une langue extrêmement diverse qui s'enrichit de ces différents dialectes. Quand vous lisez Montaigne, il y a du gascon, du français, du latin, de l'italien. De cela, il fait son miel et tisse quelque chose de profondément original, de singulier.

YT : Il y a une autre chose que vos écrits dénoncent – en dehors de ce centralisme, de cette absence de différence –, c'est cette bureaucratie qui nous encombre et qui est peut-être le fruit de cette verticalité, non ?
GK : Complètement, c'est une évidence de dire qu'on est dans un pays bureaucratique. Montaigne disait qu'il y avait trop de lois en France. Georges Pompidou disait : « Arrêtez d'emmerder les Français », etc. Mais aujourd'hui quand on parle aux gens, on voit à quel point le problème est devenu insoutenable parce que personne n'est censé ignorer une loi que personne ne peut comprendre. Les gens sont perdus, sont dans une insécurité juridique permanente. Au fond, cette situation, elle profite aux gros qui, eux, peuvent comprendre

le système normatif, voire en profiter, et elle se fait au détriment de tous ceux qui essayent de créer sur le territoire : des petits, des artisans, des professeurs qui ont peu de marge d'autonomie. Ils se heurtent toujours à un mur normatif qui fait que chacun se sent enfermé dans ce que Max Weber appelait une « cage d'acier ». Effectivement, il faut comprendre – tout le monde le dénonce – d'où cela vient pour pouvoir agir. Je pense que cela vient en grande partie de cette tradition verticale, qui entretient une défiance très forte vis-à-vis de l'individu. Ce qui caractérise les technocrates ce n'est pas qu'ils n'aiment pas les gens, ce n'est pas qu'ils soient bêtes, pas du tout. Ce sont des gens qui essayent de bien faire leur métier. Mais ils pensent profondément que l'individu, la petite entreprise, la petite municipalité, livrée à elle-même, va faire n'importe quoi.

YT : Une défiance, en fait?
GK : Une défiance très forte, c'est pour cela qu'Alain Peyrefitte parlait de la société de défiance, et que les deux économistes Pierre Cahuc et Yann Algan ont repris le thème avec beaucoup de succès, il y a une quinzaine d'années. Cette défiance est alimentée par le pouvoir politique, les gens se disent que si on leur impose des choses, c'est qu'on ne leur fait pas confiance. Et cette défiance du pouvoir se retourne ensuite contre lui. Résultat : on passe son temps à frauder. Par exemple, avec les attestations durant la crise liée à la Covid-19, tout le monde fraudait, tout le monde avait des attestations... On n'avait plus peur du virus mais peur de la police... On a quand même été le seul pays à mettre en place un truc aussi bureaucratique, où il fallait cocher des cases, qui ne correspondaient jamais à sa situation singulière. La

débureaucratisation, la simplification, est un véritable projet de société, parce que c'est quelque chose qui doit remettre la confiance au cœur du système. La raison naît de la responsabilité. Cela ne sert à rien de dire que les Français sont intenables. Je ne crois pas que les peuples aient des qualités morales. Il faut qu'il existe des systèmes d'incitation. Je suis allé voir la démocratie directe en Suisse, ça marche parce que les gens sont responsables des décisions qu'ils prennent.

YT : Ce qui est intéressant chez vous, c'est que votre réflexion est nourrie, certes de tout ce que vous avez appris – vous êtes normalien et agrégé –, mais aussi beaucoup de vos expériences personnelles. Vous n'hésitez pas à aller sur le terrain. Par exemple, vous parlez de la libéralisation du cannabis, parce que vous êtes allé voir comment cela se passait dans le Colorado, vous parlez d'une prison ouverte mais parce que vous êtes allé en Finlande, et vous arrivez d'un tour de France à cheval sur les traces de Montaigne – c'est plus qu'un tour de France puisque vous avez fait le parcours de Montaigne, depuis Bordeaux jusqu'à Rome. Votre réflexion est nourrie de toutes ces expériences-là. Ceux qui nous gouvernent n'ont pas suffisamment regardé, vécu ce que vivent les Français ?
GK : Ceux qui nous gouvernent ont aussi une vie, les députés sont beaucoup sur le terrain, on ne peut pas non plus leur jeter constamment la pierre. D'ailleurs, une des vertus de la République En Marche ! a été effectivement d'ouvrir le Parlement à des gens issus de la société civile.

YT : Le parti d'Emmanuel Macron.
GK : Cela a été une réalité. Ma démarche a toujours été d'aller sur le terrain, de faire se frotter les idées et la pratique,

de vagabonder dans la cité. C'est ce que faisaient les philosophes grecs, ce n'étaient pas des grands spécialistes. Ils parcouraient les rues et ils parlaient avec les gens, c'est ainsi qu'ils nourrissaient leur pensée, après ils formulaient des propositions sociétales, politiques, ils étaient complètement investis dans la société de leur temps. Je ne conçois pas la philosophie comme un art de commentaires faits depuis son bureau, mais bien comme un vagabondage quotidien. Pour cela, évidemment, il faut s'en donner les moyens. Effectivement, quand j'ai une idée, je fais un travail de reporter, j'ai parcouru une vingtaine de pays en travaillant sur des thèmes précis, je me mets vraiment dans la peau d'un journaliste. Par exemple, à cheval cet été, accueilli chez l'habitant, j'ai refait un tour de France de la complexité administrative. J'ai sillonné une trentaine de départements puis, à chaque fois, organisé des réunions avec les associations, les entrepreneurs, les élus locaux, etc. Il faut constamment aller au contact pour renouveler ses idées, parce que c'est sur le terrain qu'on aperçoit des choses qui, sinon, nous auraient échappé. Tocqueville disait que les intellectuels français – on ne les appelait pas encore intellectuels à l'époque –, les écrivains étaient très bons dans l'abstrait, faisaient des grandes théories, mais qu'ils étaient incapables de voir le réel.

YT : Est-ce que votre démarche ne ressemblerait pas un peu à celle de Tocqueville ?
GK : Justement, il a fait un grand voyage à cheval également. Après son tour des États-Unis, il prend son cheval, il se rend dans le Michigan, il regarde la forêt primaire, la forêt intouchée, et il se dit : « Quel dommage, l'industrialisation va faire disparaître tout cela. » Je pense qu'il y a au fondement

du libéralisme à la fois une critique de la norme et aussi, c'est très lié, très corrélé, un appétit de la nature sauvage.

YT : Vous êtes libéral, tout votre propos le montre. On va écouter quelqu'un qui, selon moi, n'est peut-être pas très libéral.

> « Je me fais en effet de la France une certaine idée. Je veux dire par là qu'à mon sens, elle est quelque chose de très grand, de très particulier. C'est, du reste, je le pense, ressenti par le monde entier. [...] C'est vrai, la France est une chose, à mes yeux, très considérable, très valable. Et elle doit avoir dans le monde quel qu'il soit, à toute époque, naturellement d'après les circonstances, elle doit avoir un rôle à elle. Il faut que la France joue son rôle, c'est exact. Et pour qu'elle joue son rôle, il faut qu'elle soit la France. Les Français. Les Français, c'est eux qui font la France. C'est eux qui en sont responsables [...] La France est plus que les Français du moment. La France vient de loin. »

Nous sommes en 1965, en plein milieu de l'entre-deux-tours de la première élection présidentielle au suffrage universel direct. Le général de Gaulle répond à une interview du journaliste Michel Droit qui le questionne sur l'idée qu'il se fait de la France. Le libéralisme dans notre pays, c'est presque un gros mot. C'était aussi le cas du temps de De Gaulle : libéralisme et gaullisme sont deux mots qui vont pas bien ensemble, non ?
GK : Tout d'abord, le libéralisme est un mot que les Français ont inventé au XIXe siècle.

YT : Parce que les plus grands intellectuels libéraux sont français.
GK : Et puis, c'est une doctrine qui a été mise au point entre les Français et les Anglais, tout au long du XVIIIe siècle – même si le terme n'existait pas encore. Je pense que de Gaulle représente l'antipode de cela. Dans sa conception des institutions, évidemment. J'ai lu ses *Mémoires* pendant le premier confinement, et je ne peux être qu'admiratif du chef de guerre et du styliste qu'il était, mais l'obsession de De Gaulle, depuis le début, c'est de mettre fin au pouvoir du Parlement. Il considère que c'est parce qu'il y avait toutes ces factions au Parlement qu'on n'a pas pris en compte ses théories militaires dans les années 1930, quand il expliquait qu'il fallait mettre plus de chars. Sur le plan économique, il a travaillé avec Jacques Rueff.

YT : C'est lui qui a fait le plan, classé d'ailleurs verticalement.
GK : Jacques Rueff, lui, était là pour libéraliser, mais de Gaulle c'est quand même l'homme du plan, de la planification qui est une doctrine mise au point dans les années 1930. Pour moi, la Seconde Guerre mondiale est un tournant, la France est un pays libéral, Sciences Po est dirigée par Anatole Leroy-Beaulieu. L'historien Robert Paxton montre bien cela dans son livre *La France de Vichy*. Dans la deuxième partie de cet ouvrage, il analyse le début du dirigisme à la française. Il explique que ce sont vraiment les serviteurs de Vichy, des gens comme Jean Bichelonne, les ministres polytechniciens qui voulaient organiser l'économie française comme une économie de guerre, mais en la planifiant. Au fond, ces idées ont été largement reprises par de Gaulle après la guerre. Il écrit d'ailleurs dans ses *Mémoires* que les réformes

socio-économiques de Vichy sont intéressantes. À la même époque, alors que l'Allemagne – traumatisée par l'État – décide, face à la pénurie, de libéraliser les prix en 1944, la France décide au contraire de les réglementer. On a vraiment deux approches économiques distinctes, qui se mettent en place dès l'après-guerre, et je pense que c'est à ce moment-là que la France tourne le dos à sa propre tradition libérale. On le constate ensuite dans son système éducatif. L'ENA – qui d'ailleurs hérite de l'École des cadres d'Uriage – est inventée juste après la guerre et met en place une fonction publique qui, cette fois, a un statut, statut qui a été également initié par le régime de Vichy. Sur les questions de société, de Gaulle n'a pas été un grand libéral, non plus. En fait, la nostalgie de De Gaulle aujourd'hui montre que beaucoup de nos responsables politiques ont, à droite comme à gauche, une conception illibérale et interventionniste du pouvoir.

YT : Et au centre ? Avec Emmanuel Macron qui se dit « et de droite et de gauche ».
GK : Il y a eu quand même un souffle pendant la campagne de 2017.

YT : Qui correspondait à vos idées ?
GK : À l'époque, j'avais écrit un article en expliquant pourquoi j'allais voter pour lui. J'étais comme Friedrich Nietzsche pour l'opéra : « Je n'aime pas trop les paroles, mais j'aime bien la musique. » Je me disais qu'avec cette musique-là, tout était possible. Mais Macron s'est très vite métamorphosé en ce qu'il est profondément, c'est-à-dire un inspecteur des finances, jacobin. Sur le plan de l'organisation du territoire, ce quinquennat a été recentralisateur – ce n'est pas qu'il

a moins décentralisé, c'est qu'il a recentralisé y compris en ôtant aux collectivités un de leurs derniers leviers fiscaux qui était la taxe d'habitation. Il a été, sur le plan des institutions, extraordinairement vertical, et sur le plan économique c'est quand même le retour du haut-commissariat au plan et des grands plans d'investissement. Les faits montrent qu'il a été le digne successeur de ses prédécesseurs, il a poursuivi la tradition étatique française.

YT : Vous parliez tout à l'heure de cette nostalgie des Trente Glorieuses. C'est assez grave, non, que la France n'ait pas davantage de propension ou de faculté à regarder l'avenir. La France a peur de l'avenir ? Elle regarde toujours en arrière ? C'est entretenu par beaucoup d'intellectuels, d'ailleurs.
GK : Est-ce que c'est bien nouveau ? Est-ce que pendant les Trente Glorieuses, on ne regardait pas avec nostalgie le Front Populaire ? Est-ce que pendant le Front Populaire, on ne regardait pas avec nostalgie la Belle Époque ? Est-ce que pendant la Belle Époque, on ne regardait pas avec nostalgie la Monarchie ?

YT : Il y a une tendance à idéaliser le passé ?
GK : Oui, Montaigne en parle très bien. On dirait qu'il n'aime pas le XVIe siècle, dans lequel il vit, par exemple. Il dit que le XVe siècle, c'était autre chose, il y avait plus de dignité, plus de respect, plus de valeurs aristocratiques, mais il reste très lucide. Il pense que s'il a le sentiment que son pays décline, c'est que lui-même décline. Demandez aux jeunes entrepreneurs aujourd'hui si la France est en déclin, ils vous répondront que non, pas du tout. Je pense que ce sentiment-là est une projection de soi. Beaucoup de choses

progressent en France. Mais cette idée de déclin, c'est la vieille idée que l'histoire a un sens – idée d'Oswald Spengler, philosophe allemand –, une idée politiquement assez risquée, reprise d'ailleurs sans surprise par les extrêmes aujourd'hui. Il faut opposer Karl Popper à Oswald Spengler, et affirmer que ce sont les hommes qui font l'histoire et que les pays ne sont ni en déclin ni en progrès : ils sont, ils bougent, ils changent, ils se transforment. Il n'y a pas de déterminisme.

YT : Le général de Gaulle dit que la France vient de loin. Elle naît quand la France ? Elle vient d'où ?
GK : Ma France, si je puis dire, elle ne débute pas, mais disons qu'elle prend corps en 1789. La *Déclaration des Droits de l'homme et du citoyen* est pour moi un texte politique d'une puissance inouïe. J'avais écrit toute une série d'articles en prenant chaque article de ce texte, imaginant ce que cela ferait si nous l'appliquions sérieusement aujourd'hui. Je trouve que les Français ont inventé un système politique extraordinaire – à cette période-là – qui est libéral, qui crée l'État moderne et qui dit que la fonction de l'État est d'entretenir un rapport direct avec l'individu. C'est pour cela que la loi Le Chapelier détruit les corporations d'un trait de plume, quel texte magnifique !

YT : En 1791.
GK : Il n'y a plus de corporation dans l'État, terminé. Comme le remarquent bien les commentateurs du libéralisme – à commencer par Friedrich Hayek –, le libéralisme français est un libéralisme qui passe par l'État, la liberté n'est pas donnée, la liberté est créée, c'est une invention sociale et, pour cela, on a besoin d'un État qui garantit et

crée les droits. Je trouve que c'est un geste politique absolument extraordinaire qui a aussi le mérite de dire que, oui il y a des valeurs collectives, mais ces valeurs doivent être dissociées de la fabrique de la loi. La fabrique de la loi est neutre, culturellement, elle est neutre du point de vue de la civilisation.

YT : Est-ce que vous admettez des racines chrétiennes à ce pays ?
GK : Évidemment qu'il y a des racines chrétiennes. Mais, la question est : dans quel espace est-ce intéressant de dire cela ? Dans l'espace du débat civil et culturel, c'est une évidence, il n'y a pas tellement de questions à se poser. Il y a des églises partout en France, c'est très beau, je les visite. Mais faut-il le dire dans l'espace politique ? Dans une constitution, par exemple. Je ne pense pas.

YT : Donc, Jacques Chirac avait raison pour le projet de préambule de la Constitution européenne ?
GK : La politique n'est pas le lieu où l'on discute des valeurs, où l'on discute de morale, où l'on discute de civilisation. Il y a d'autres lieux pour ça, c'est le lieu du débat public, c'est très important et c'est l'histoire en mouvement. La politique est là pour émanciper l'individu du poids de son histoire, de ses communautés, de ses aliénations.

YT : La politique est laïque.
GK : Par définition, cette politique-là est effectivement laïque, la loi de 1905 est une loi libérale qui est tout à fait pertinente aujourd'hui.

*

YT : Gaspard Kœnig, j'aimerais vous soumettre au questionnaire de Proust. Si vous deviez choisir un paysage, ce serait lequel ?
GK : Le paysage que je vois depuis la fenêtre de ma maison en Normandie.

YT : Où en Normandie ?
GK : Mes parents viennent d'Évreux, et moi je suis un immigré, puisque je suis parti en Suisse normande, juste au-dessus de Flers.

YT : Pas loin de la Sarthe ?
GK : C'est un peu plus reculé que la Sarthe. Ce qui est merveilleux dans cette Normandie c'est qu'il y a du bocage, c'est surtout très vallonné. Il y a encore beaucoup d'élevage aussi. C'est toute une culture locale qui est extrêmement forte, qui est très portée sur l'expérimentation, les choses alternatives telles que la bière artisanale, les élevages biologiques, beaucoup de choses organiques qui viennent vraiment du territoire. C'est un endroit que j'aime beaucoup et c'est aussi là que je me suis entraîné, pour le voyage à cheval que vous avez mentionné.

YT : C'est là que vous vivez ?
GK : C'est là que je vis une partie de l'année.

YT : Si la France était un écrivain ?
GK : Je dois rendre hommage à Montaigne et rendre hommage à ses *Essais* que j'ai lus. Cela m'a pris du temps de les lire, vraiment six mois, pas à temps plein, mais presque.

YT : C'est compliqué dans cette langue.
GK : Justement, il faut les lire dans le texte originel. Éventuellement avec une version où l'orthographe est modernisée, surtout pas la syntaxe ni le vocabulaire. Cela demande un effort, on se dit : cela m'est étranger mais c'est quand même ma langue. Finalement, on retombe sur ses pieds à la fin de la phrase, puis on commence à prendre le pli. C'est intéressant cette langue d'avant l'Académie française... qui a quand même beaucoup ratiboisé la langue.

YT : Par définition oui.
GK : Avec Corneille ou Racine, le vocabulaire n'est pas très riche. C'est très beau, mais c'est trop grandiloquent. Montaigne c'est fou, inventif, il crée des mots constamment, c'est drôle, cela parle de sujets très nobles, mais aussi de sujets très quotidiens. C'est un peu rabelaisien parfois. Il est très moderne, nous parle des animaux, il est un peu le premier antispéciste. Il considère qu'il n'y a pas de différence des sens entre l'homme et l'animal, il parle de colonisation. On est trente ans après la conquête du Mexique et du Pérou, et Montaigne dit déjà que cette colonisation ne va pas marcher. Montaigne, c'est l'homme de la diversité, pour lui, plus il y a de cultures différentes, mieux c'est. Cela vaut, je pense, pour le monde, et cela vaut aussi pour l'intérieur d'un pays.

YT : On revient à votre propos initial. Si la France était une personnalité ?
GK : Je dirais Simone Veil, la femme d'État. J'avais travaillé quelques années pour Christine Lagarde, j'étais sa plume.

YT : Lorsqu'elle était ministre des Finances.

GK : J'avais écrit son discours pour une remise de légion d'honneur à Simone Veil qui devait être promue grand officier. Je crois que c'était l'époque où elle venait de publier sa biographie intitulée *Une vie*. Tout cela m'avait beaucoup impressionné. D'abord parce que c'était une femme, ensuite parce que, pendant longtemps, il était mal vu d'être survivant d'Auschwitz. On s'en rend compte quand on la lit. Dans les années 1950-1960, il fallait le cacher, il fallait cacher ses tatouages.

YT : Elle a mis beaucoup de temps avant d'en parler, d'ailleurs.
GK : Oui, mais aussi parce que c'était quelque chose qui était refusé par la société. C'était une femme disons de droite, orléaniste, mais une femme progressiste qui a fait voter la loi de l'IVG, qui a milité pour l'Europe, et c'est au fond un camp politique qui a un peu disparu aujourd'hui.

YT : Il n'y a plus de représentants de cela ? Si je vous parle de Jean-Louis Borloo, par exemple ? Qui n'est plus dans le paysage politique, puisqu'il s'est un peu retiré.
GK : Il n'y a plus de grandes formations politiques. Le parti radical de gauche ou le parti radical valoisien sont les plus proches du libéralisme aujourd'hui, mais sont quand même très anecdotiques dans l'espace politique. Nicolas Sarkozy avait voulu fusionner les trois droites : la droite orléaniste, la droite bonapartiste, la droite gaullo-chiraquienne. Il les a fusionnées, puis il les a écrasées et il a vraiment écrasé les libéraux.

YT : Pour finir, si la France était une toile ?
GK : Je pense à n'importe quel tableau de Chardin, une nature morte. *Le Gobelet d'argent*. Hector Obalk en parle dans son

dernier spectacle. Ce que j'aime bien c'est qu'il y a à la fois de la gourmandise, on n'est pas dans un tableau protestant, on est en train de manger car on voit le bol qui est manipulé. En même temps, il y a une forme de sobriété, ce n'est pas un énorme banquet qui déborde de victuailles. Troisième chose, on prend soin de la présentation, il y a un gobelet en argent, tout cela fait extrêmement envie, on a l'impression d'avoir fait une marche l'après-midi dans la campagne normande et de revenir pour savourer un moment de bonheur absolu.

YT : On est au XVIIIe siècle, au jardin.
KG : Le siècle des Lumières.

YT : Merci, Gaspard Kœnig.
KG : Merci à vous.

Arlette Laguiller

(Six fois candidate à l'Élysée pour Lutte ouvrière, ex députée européenne)

« *La France s'est développée grâce au travail de millions de travailleurs.* »

Arlette Laguiller est la personnalité politique de tous les records. Elle détient celui des candidatures à l'élection présidentielle : six au total, de 1974 à 2007. Elle est la première femme à s'être présentée à l'élection suprême. Elle est enfin celle qui a le moins changé d'idées avec le temps ; ce qui est un autre exploit quand on connaît l'opportunisme des acteurs du débat national. Elle défend « son » trotskisme avec la même foi du charbonnier, inébranlable, depuis le début. C'est la guerre d'Algérie, alors qu'elle était jeune employée au Crédit lyonnais, qui a sonné l'heure de la révolte pour cette fille de résistant anarchiste, élevée dans la religion catholique.

Aujourd'hui âgée de plus de 80 ans, Arlette Laguiller voit toujours la société avec les lunettes de la révolution : « Travailleuses, travailleurs. » Son refrain est resté célèbre.

Le monde du travail a pu connaître de profondes mutations, les usines, fermées les unes après les autres, les ouvriers, laisser place à un nouveau prolétariat, plus disparate, moins solidaire, elle n'en démord pas : la lutte des classes est toujours d'actualité. D'un côté, il y a les riches et, de l'autre, les pauvres. Le monde demeure régi par l'exploitation de l'homme par l'homme. La gauche qui s'est détournée du peuple pour flatter les minorités, très peu pour elle. Les nouvelles causes, autour du *wokisme* et de la *cancel culture*, ne sont pas, non plus, sa tasse de thé.

Arlette Laguiller est fidèle à son combat et, pour cette raison, est plus que respectable.

Yves Thréard : Arlette Laguiller, est-ce qu'il y a une vision de gauche et une vision de droite de la France ?
Arlette Laguiller : Alors… Selon moi, la France présente une division profonde, qui est celle entre les riches et les pauvres. Vous avez, d'un côté, ceux qui gagnent, en un mois ou en un an, quasiment le PIB d'un pays pauvre, et les autres qui n'ont que leur travail pour vivre.

YT : Cette France-là, que vous décrivez, c'est toujours la même ?
AL : Sur la gauche et la droite, c'est vrai que les différences se sont estompées. Ces dernières décennies, on a vu la gauche, puis la droite, et puis la gauche revenir au pouvoir. Finalement, ça a été pour moi, du point de vue des intérêts des travailleurs, les mêmes attaques contre le monde du travail, ce qui explique sûrement aujourd'hui certaines désaffections dans les élections.

YT : Vous aimez l'histoire. Si je vous cite quatre personnages, lesquels choisiriez-vous ? Plutôt Blanqui et Jaurès ou Napoléon et De Gaulle ?
AL : Bien sûr, Blanqui et Jaurès. C'est évident.

YT : Ils n'ont jamais gouverné.
AL : Non, jamais. Blanqui a passé la plus grande partie de sa vie en prison. Il n'a même pas pu participer à la Commune, du fait de son emprisonnement. Jaurès, je ne sais pas ce qu'il serait devenu s'il n'avait pas été assassiné. Est-ce qu'il aurait attrapé le chauvinisme de son parti en 1914 ? En tout cas, c'était un défenseur des ouvriers. Ce sont ces deux-là que je choisirais, effectivement.

YT : Et depuis Jaurès ? Jaurès a été assassiné à Paris, le 31 juillet 1914, parce qu'il était pacifiste. Depuis, existe-t-il une incarnation de la gauche que vous aimez ?
AL : Disons Eugène Varlin.

YT : Eugène Varlin.
AL : Ouvrier relieur issu d'une famille pauvre, qui allait à l'école le soir pour se former et qui a été l'un des meilleurs financiers pour la Commune, puisqu'il était chargé des finances. Il a été fusillé par Thiers et les Versaillais.

YT : Marc Bloch, grand historien, a écrit un livre en 1940 qui s'intitule *L'Étrange Défaite*. Il critique la France de l'entre-deux-guerres, la bourgeoisie française notamment, et en ressort cette citation : « Il est deux catégories de Français qui ne comprendront jamais l'histoire de France, ceux qui refusent de vibrer au souvenir du sacre de Reims ; ceux qui

lisent sans émotion le récit de la fête de la Fédération. » Il veut dire plusieurs choses. Sur le sacre de Reims, c'est-à-dire la monarchie, la royauté, il fait référence au baptême de Clovis.
AL : Et à la religion catholique.

YT : Et puis, la fête de la Fédération, c'est la Révolution française. Vous épousez plus la seconde que la première ?
AL : C'est une évidence pour moi. Je suis une défenseuse de la Révolution française.

YT : L'histoire commence là, pour vous, en France ?
AL : Non, bien sûr. La France a une histoire plus ancienne, mais nous vivons aujourd'hui en République grâce à la Révolution française. Elle a été faite par le peuple au profit de la bourgeoisie, finalement, donc il reste une révolution à faire : celle des travailleurs, pour changer le système. Maintenant, vous savez, on peut vibrer les uns et les autres pour des tas de choses. Et en même temps, nous n'avons pas forcément les mêmes intérêts. C'est cela qui fait la différence.

YT : C'est ce qui différencie les visions de la France ? Il y en avait un qui avait une vision précise de la France. Vous l'avez peut-être croisé à l'occasion de vos débuts en politique. On va l'écouter.

> « Je me fais en effet de la France une certaine idée. Je veux dire par là qu'à mon sens, elle est quelque chose de très grand, de très particulier. C'est, du reste, je le pense, ressenti par le monde entier [...] C'est vrai, la France est

> une chose, à mes yeux, très considérable, très valable. Et elle doit avoir dans le monde quel qu'il soit, à toute époque, naturellement d'après les circonstances, elle doit avoir un rôle à elle. Il faut que la France joue son rôle, c'est exact. Et pour qu'elle joue son rôle, il faut qu'elle soit la France. Les Français. Les Français, c'est eux qui font la France. C'est eux qui en sont responsables [...] La France est plus que les Français du moment. La France vient de loin. »

C'était donc en 1965. La première campagne présidentielle avec une élection au suffrage universel direct.
AL : Tout à fait.

YT : Élection à laquelle vous avez participé six fois. Vous êtes la *recordwoman* de l'exercice.
AL : C'est vrai.

YT : Là, il répond à Michel Droit, le journaliste attitré du général de Gaulle, qui lui demandait : « Qu'est-ce qu'une certaine idée de la France ? » Dans l'interview, le général de Gaulle dit plusieurs choses intéressantes. D'abord, il affirme : « Les Français sont responsables de la France. » C'est votre avis ?
AL : Je ne sais pas. « Les Français », qu'est-ce que cela signifie ?

YT : Ce n'est pas une communauté ?
AL : Non, c'est une communauté forcément divisée par l'argent, par la lutte des classes qui a toujours existé et qui continue d'exister aujourd'hui. Il n'y a pas qu'une France. Là-dessus, je ne peux pas être d'accord avec de Gaulle. Il n'y a pas « les Français ». Je suis française, parce que je suis née en France. Je

parle la langue, j'y vis, mais je me sens citoyenne du monde. En plus, il dit : « La France doit être forte. »

YT : « Elle a un rôle à jouer dans le monde. »
AL : Je suis toujours gênée quand on dit cela, parce que : quel est ce rôle ? C'est d'avoir colonisé un tas de pays d'Afrique ou d'Asie ? C'est cela, le rôle de la France ?

YT : Vous étiez contre la colonisation.
AL : Oui.

YT : C'est pour cette raison que vous vous êtes éveillée à la politique.
AL : Tout à fait, avec la guerre d'Algérie. À 16 ans, il y avait déjà deux ans que le FLN avait déclenché les hostilités. Avec beaucoup de jeunes de mon quartier, garçons ou filles, nous étions très perturbés par cela, les garçons encore plus, puisqu'ils craignaient d'être mobilisés et de partir faire cette guerre.

YT : C'est à partir de là que vous vous êtes engagée ?
AL : Oui. Enfin, je me suis engagée, non pas dans un parti, à ce moment-là…

YT : Que vous avez forgé votre conscience politique.
AL : Mais j'étais profondément pour que l'on donne l'indépendance au peuple algérien.

YT : Finalement, il l'a donnée, le général de Gaulle, cette indépendance.
AL : Oui, il l'a donnée, parce qu'en 1962, la décolonisation était en marche. Ce n'est pas possible de résister à tous

ceux qui se lèvent. La Tunisie l'a eue avant, par exemple. L'Afrique, l'Indochine… C'est vraiment une période où on sent cette montée de populations qui veulent se défaire de l'Empire français.

YT : Est-ce que la France, justement, doit s'excuser pour ce passé ? On parle beaucoup de repentance.
AL : Le problème, ce n'est pas la repentance. Le problème, pour moi, c'est de reconnaître l'histoire, de la connaître, de l'enseigner dans les écoles, ce qui n'est pas fait. En tout cas, ce qui est fait imparfaitement. Personnellement, j'ai arrêté l'école à 16 ans, mais j'ai plus appris par la lecture des journaux de l'époque, de *L'Express* ou de *L'Obs* – enfin, *France-Observateur*, à l'époque – que dans mes livres de classe. C'est évident. Donc il y a surtout à connaître l'histoire, à savoir pourquoi on a colonisé, en 1830, de façon très brutale, l'Algérie, tous les massacres qui ont eu lieu à l'époque et encore plus tard, en 1870, etc.

YT : Il faudrait réécrire l'histoire de France ?
AL : Oui, je pense que les livres existent, mais ce n'est pas ce qu'on enseigne forcément à l'école. En tout cas, on ne donne pas la parole à tout le monde. Ce n'est pas suffisant, aujourd'hui. Cette histoire, elle n'est pas suffisamment expliquée, racontée. Il y a des jeunes militants à qui il est nécessaire d'expliquer beaucoup de choses sur l'histoire.

YT : Ils sont trop façonnés par l'histoire officielle ? C'est ça ?

AL : Oui, bien sûr. La guerre d'Algérie, on devrait d'autant plus l'enseigner, avec tout ce qui se passe aujourd'hui, avec toute cette jeunesse d'origine algérienne qui a envie de savoir, de connaître.

YT : Nous n'avons pas fait le grand jour là-dessus ?
AL : Je trouve. Certains historiens s'y essayent, bien sûr.

YT : On ne va pas se remettre dans la tête des responsables politiques du XIXe siècle, mais il y avait une volonté, aussi, d'apporter l'universalisme français, les valeurs françaises, les droits de l'homme... C'est quelque chose qui compte, ça, non ? Vous avez dit que vous étiez internationaliste.
AL : Honnêtement, à l'époque de la conquête de l'Algérie, on n'apportait pas les droits de l'homme.

YT : Mais plus tard, avec Jules Ferry notamment.
AL : Heureusement qu'il y a eu la Révolution française !

YT : Ça, c'était avant.
AL : La Révolution française a apporté des idées d'émancipation, à tous les peuples du monde, beaucoup plus qu'il pouvait y en avoir avant. C'est évident.

YT : Vous souvenez-vous comment vous débutiez chacun de vos meetings ou chacune de vos interventions dans les campagnes électorales ? On va vous regarder.

> « Travailleuses, travailleurs, dans cette élection, je suis la seule candidate à m'être déjà présentée en 1974 contre Giscard d'Estaing et Mitterrand. Comme en 1974, je suis

> toujours une employée de banque. Je n'ai changé ni de condition sociale ni de convictions politiques. Je ne prétends pas parler au nom de tous les travailleurs. Moi, je parlerai en tant que simple travailleuse. »

C'était en 1981. C'était votre deuxième campagne électorale. Vous avez eu cette phrase, à chaque fois : « Travailleuses, travailleurs... » La France, pour vous, ce sont toujours les riches et les pauvres : les travailleurs, les travailleuses, et ceux qui ont plus de loisirs ?
AL : Pas seulement de loisirs. Ils gagnent surtout beaucoup d'argent sur l'exploitation des travailleurs. Il y a une France des exploiteurs et des exploités. Aujourd'hui, c'est évident.

YT : Arlette Laguiller, la France est-elle restée ainsi ou est-elle divisée en communautés ? On parlait de la guerre d'Algérie et des enfants de la guerre d'Algérie, deuxième, troisième, quatrième génération, aujourd'hui. Est-ce que c'est, d'un côté, les colonisés, et de l'autre, les colons ?
AL : Vous savez, la France, elle a grandi et elle s'est développée grâce au travail de millions de travailleurs, « de souche » comme le disent certains, et de combien de générations de travailleurs immigrés ? Ce sont tous ces travailleurs qui ont construit la France, qui venaient de Pologne, d'Italie. Après, du Maghreb. Aujourd'hui, de l'ex-Yougoslavie.

YT : Des Balkans, oui.
AL : C'est tout cet ensemble qui a construit la France, il y a de quoi être internationaliste. La classe ouvrière est internationale, en France.

YT : Est-ce que la gauche parle encore à ces travailleurs, travailleuses ? La gauche a-t-elle oublié le peuple ?
AL : Oui, elle a oublié la classe ouvrière. Elle ne parle plus de cela dans ses discours. Je crois bien que les trotskistes – dont je fais partie – sont sûrement les seuls, aujourd'hui, à se revendiquer de la lutte des classes et du camp des travailleurs. Si je fais de la politique, c'est pour défendre ma classe, défendre le camp des travailleurs. Pour moi, c'est très clair qu'il y a deux camps.

YT : Pourquoi les trotskistes n'ont-ils jamais réussi à se faire une place importante en France ?
AL : Il faudrait refaire toute l'histoire, à partir de la révolution russe, de l'immense espoir que cela avait apporté pour les travailleurs du monde entier. Et puis, cette trahison de la révolution par le stalinisme et par l'élimination physique de tous les militants bolcheviques qui se réclamaient, justement, de Trotski. C'est dur, après une saignée pareille, finalement, de réimplanter ces idées-là. Je suis très fière que Trotski, au moins jusqu'à son assassinat en 1940, ait pu nous transmettre un certain nombre d'idées que l'on peut appliquer, en quelque sorte, à la situation actuelle.

YT : Ainsi, nous sommes dans la lutte des classes…
AL : Tout à fait.

YT : … et pas dans la lutte des races. La lutte des classes, ce sont les riches contre les pauvres. La lutte des races… Par exemple, en France, certains le prétendent, on ne fait pas suffisamment de place aux gens qui sont originaires d'Afrique subsaharienne, aux gens qui sont originaires du Maghreb.

AL : Ce n'est pas contradictoire. Je suis pour la lutte des classes, mais je suis aussi pour que ceux que l'on appelle les minorités soient visibles, c'est-à-dire qu'ils aient les mêmes chances que vous et moi, qui sommes blancs de peau. C'est évident. Ce n'est pas contradictoire.

YT : Ce n'est pas contradictoire.
AL : Et d'autant plus qu'une grande partie de la classe ouvrière a cette couleur de peau ou cette origine étrangère.

YT : C'est cela, la classe ouvrière ? Elle existe encore, d'ailleurs ?
AL : Je crois que c'est une évidence. À travers le monde, elle n'a jamais été aussi importante. Ce n'est pas parce que l'on délocalise des usines en Asie, pour faire fabriquer nos vêtements, au Vietnam ou ailleurs... Mais ce n'est pas pour cela que la classe ouvrière n'existe plus. La classe ouvrière, bien sûr, ce n'est plus les canuts lyonnais, ce n'est plus les mineurs. En France, en tout cas, il n'y a plus de mines. Ce n'est plus ce monde du travail. C'est un autre monde qui a évolué en fonction des découvertes, en fonction des industries qui ont changé. Aujourd'hui, les ouvriers construisent des robots. Ils construisent un tas de choses que l'on n'imaginait pas il y a un siècle, mais c'est toujours la classe ouvrière. C'est toujours le salariat.

YT : Est-ce que la France – si elle n'a pas évolué sur ce plan-là, entre travailleurs et oisifs, ou ceux qui s'enrichissent sur le dos des travailleurs, comme vous le dites – a fait davantage de place aux femmes ?
AL : Oui, grâce à des gens comme Gisèle Halimi, par exemple.

YT : Il faudrait qu'elle entre au Panthéon ?
AL : Ce n'est pas mon problème, le Panthéon. Moi, je l'aimais beaucoup.

YT : Vous l'avez connue ?
AL : J'ai partagé en partie ses combats féministes.

YT : Elle a été l'avocate de plusieurs militants du FLN.
AL : C'est tout à son honneur, et cela lui a valu beaucoup d'attaques, auxquelles elle a résisté. C'est une combattante qui peut inspirer aujourd'hui.

YT : Gisèle Halimi, c'est une combattante ?
AL : Oui, je pense. Même sur le féminisme, elle s'est beaucoup battue. C'est certain.

YT : Plutôt *L'Internationale* ou *La Marseillaise* ?
AL : *L'Internationale*. Vous le savez.

YT : Vous n'aimez pas *La Marseillaise* ?
AL : *La Marseillaise* a été un chant révolutionnaire, après la Révolution française, mais ce drapeau a tellement servi à coloniser, à exploiter des populations à travers le monde, que je n'ai plus envie, moi, de la chanter. *L'Internationale*, c'est le chant des ouvriers du monde entier, donc je préfère *L'Internationale*.

YT : Vous ne l'aimez pas trop, ce drapeau ?
AL : Le drapeau français ? J'aime mieux le rouge que les autres couleurs. C'est évident.

YT : Peut-être qu'il y a une chanson qui va vous plaire. Extrait de *Ma France*, Jean Ferrat.

> *« Cet air de liberté au-delà des frontières*
> *Aux peuples étrangers qui donnaient le vertige*
> *Et dont vous usurpez aujourd'hui le prestige*
> *Elle répond toujours du nom de Robespierre*
> *Ma France*[1]*. »*

Jean Ferrat chante *Ma France.* Je pense qu'il fait davantage référence aux soldats de l'an II, de Valmy, et il dit : « Ce n'est plus ça. » C'est ce que vous dites, non ? La France ne rayonne plus comme elle le devrait, car elle a colonisé.
AL : Oui, Robespierre, c'était quand même, si l'on peut dire, le plus à gauche.

YT : Entre Robespierre et Danton, vous prenez Robespierre ?
AL : Oui, je prends Robespierre, mais il n'est peut-être pas allé assez loin.

YT : Il n'a pas coupé assez de têtes ?
AL : Vous savez, tous ont coupé des têtes à l'époque. Il n'empêche qu'à une période de cette Révolution, qui a duré dix ans à peu près, il a été celui qui, à un moment, a essayé de plus s'appuyer sur le peuple.

YT : Oui, c'est exactement cela. Alors, vous condamnez la France coloniale. Il y a quand même quelqu'un qui, justement, il n'y a pas très longtemps, a fait résonner la voix

1. © Barclay.

de la France, en disant : « Non, la France ne s'engage pas comme ça, à l'extérieur, n'importe comment. » Je vous invite à l'écouter. Il s'appelle Dominique de Villepin.

> « C'est un vieux pays, la France, d'un vieux continent comme le mien, l'Europe, qui vous le dit aujourd'hui et qui sait tout ce qu'il doit aux combattants de la liberté venus d'Amérique. Fidèle à ses valeurs, il veut agir résolument. Avec tous les membres de la communauté internationale, il croit en notre capacité à construire ensemble un monde meilleur. »
>
> Extrait de Villepin à l'ONU en 2003.

Vous êtes d'accord avec ces mots ?
AL : Oui, je suis d'accord. Je préfère toujours quand la France ne s'engage pas dans une guerre.

YT : C'est ce qu'il a fait. Il s'agissait de la guerre d'Irak et de ne pas suivre les Américains.
AL : Quand on sait ce qu'ont subi les Irakiens, on peut se dire que c'est beaucoup mieux que d'avoir participé à des tas de guerres pour défendre des causes qui n'étaient pas louables. Oui, de ce point de vue-là, mais que voulez-vous que je vous dise d'autre ? Vous savez, les deux guerres mondiales, elles n'avaient pas comme intérêt la défense de la population. Elles avaient, pour la première, on peut dire, le partage de marchés, de territoires. Pour la seconde, finalement aussi, avec des impérialismes de pays différents qui se sont alliés ou pas alliés. Je suis contre la guerre, mais je ne suis pas pacifiste.

YT : Vous n'êtes pas pacifiste ?
AL : Si demain il y avait une révolution et qu'il fallait se battre, je me battrais.

YT : Vous êtes révolutionnaire.
AL : Je suis révolutionnaire.

YT : Et vous revendiquez ce droit à la révolution.
AL : Oui, je suis communiste révolutionnaire.

YT : Justement, si vous aviez un rêve, est-ce que votre rêve, c'est la révolution ?
AL : Oui. Mon rêve, c'est que les travailleurs abattent ce système capitaliste et créent une autre société où l'on pourrait partager toutes les richesses. Pas seulement dans notre pays, mais aussi avec tous les pays, aujourd'hui, qu'on dit en voie de développement mais qui sont sous-développés, et qu'on recrée un monde qui soit plus juste, tant sur le plan de la santé, de la faim... Qu'il n'y ait plus de faim dans le monde. C'est cela, la perspective communiste révolutionnaire.

YT : Il y a un modèle, dans le monde, aujourd'hui, qui pourrait vous convenir ?
AL : Non, il n'y a pas de modèle. Il n'y a pas de modèle, car depuis la révolution russe, il n'y a pas vraiment eu de révolution dirigée par la classe ouvrière.

YT : Et Cuba ? L'Albanie ? Cela n'a jamais été des références, pour vous ?
AL : Moi, j'ai vibré, à Cuba, bien sûr. Que les Cubains aient été capables de virer Batista, soutenu par les Américains,

pour ma génération, c'était important. J'y suis allée à Cuba. Oui, il n'y a pas la liberté politique… Enfin, il n'y a plus tellement de pays qui l'ont.

YT : Il n'y a plus de liberté politique en France ?
AL : Non, pas en France. Je ne dis pas cela pour la France, mais pour d'autres pays. Malheureusement, on peut en citer un grand nombre, qui sont des systèmes capitalistes.

YT : Est-ce que parfois il vous arrive, quand il y a une évocation de la France, un événement qui se déroule dans notre pays, d'avoir la larme à l'œil, en étant sensible, émue par ce pays ?
AL : Je ne sais pas trop quoi vous répondre, parce que moi, une grève victorieuse, cela me met la larme à l'œil, oui.

YT : Cela vous est arrivé ?
AL : Oui, bien sûr.

YT : Laquelle, par exemple ?
AL : Je l'ai vécu en 1974, avec la grève des banques, où l'on a gagné tout ce que l'on demandait à l'époque. Cela a duré deux mois, dans mon entreprise.

YT : Cela vous a arraché quelques larmes ? Vous avez gagné. Vous avez vaincu.
AL : Oui, je l'ai fêté. Bien sûr.

*

YT : Permettez-moi de vous soumettre à un petit exercice qui est inspiré du questionnaire de Proust, pour savoir quelle image vous avez de la France. Si je vous donne un tableau, par exemple, lequel vous vient à l'esprit ?
AL : Je suis très émue par le tableau de Maximilien Luce, *Une rue de Paris en mai 1871*. Malheureusement, c'est le massacre de la Commune.

YT : C'est tragique quand même, à chaque fois, ce que vous dites.
AL : C'est tragique, mais on va bientôt fêter les 150 ans de la Commune. C'était quand même la première fois que, dans un pays comme la France, il y avait une tentative, pour le monde du travail de l'époque, de prendre le pouvoir et de créer autre chose.

YT : Là, ce sont des morts.
AL : Malheureusement, cela a duré deux mois et demi. Là, ce sont les massacres de Thiers, qui dirigeait le pays, et qui a massacré 30 000 communards.

YT : Comme disait Hegel : « L'histoire est tragique. »
AL : L'histoire est souvent tragique, mais elle pourrait être heureuse aussi. Il faut avoir un idéal.

YT : Si vous aviez un personnage, pour incarner la France ?
AL : J'ai pensé à Marie Curie, elle remplit un peu toutes les cases, pour moi.

YT : Lesquelles ?

AL : C'était une étrangère, polonaise, une femme, qui s'est quand même dévouée pour faire avancer la radiographie...

YT : Non sans mal, d'ailleurs.
AL : Non sans mal, et qui a donné toute sa vie à la recherche.

YT : À une période où les femmes n'avaient pas beaucoup voix au chapitre.
AL : Elle a dû vaincre beaucoup de choses en tant que femme aussi, donc c'est quelqu'un que j'admire.

YT : Un paysage ?
AL : J'aime beaucoup la mer. La mer nous transporte ailleurs.

YT : Cela nous fait oublier la terre ?
AL : Oui. En même temps, la mer me fait penser à des choses tragiques aussi, comme l'esclavage, par exemple. Que des villes du bord de mer se soient construites grâce à l'esclavage.

YT : Quelle mer préférez-vous ?
AL : Je crois que j'aime toutes les mers.

YT : Et un auteur, alors ? Un écrivain ?
AL : Zola a beaucoup marqué mon enfance. Il se trouve qu'il y avait des livres à la maison – même si nous n'étions pas riches – et j'ai découvert Zola jeune. Cela m'a beaucoup marquée.

YT : Cela vous a suivie ?
AL : Oui.

YT : Il vous arrive de le relire ?
AL : Oui, j'ai dû relire *Germinal* il n'y a pas très longtemps.

YT : C'est le livre de Zola qui vous plaît le plus ?
AL : Non, je crois que je pourrais citer tous les livres de Zola.

YT : Si je mets *Nana*, je pense que vous préférez *Germinal* à *Nana*.
AL : Tous les livres de Zola m'ont intéressée. Zola m'a fait beaucoup mûrir, quand j'étais jeune fille.

YT : Cela a participé à votre apprentissage politique et forgé votre conscience politique.
AL : Tout à fait, il y a beaucoup de choses, dans Zola, sur la bourgeoisie, sur le monde du travail, sur les rapports entre les hommes et les femmes.

YT : Merci, Arlette Laguiller.
AL : Merci beaucoup.

Catherine Nay

(Éditorialiste, essayiste)

« *La France a besoin de quelqu'un qui a le fluide de l'autorité.* »

L'évocation de son nom rime immanquablement avec distinction. L'image est facile, mais Catherine Nay est un maréchal au féminin de la presse française. Elle a quitté Périgueux, sa ville natale, parce qu'elle s'estimait « trop grande ». C'est par cette drôle de réflexion que s'ouvre *Souvenirs, souvenirs...*, le premier tome de ce qui ressemble à ses mémoires, chez Robert Laffont.

Journaliste de presse écrite, à *L'Express*, avant de devenir la signature politique d'*Europe 1*, Catherine Nay est aussi l'auteur de nombreux livres. L'un d'eux, au titre fameux, *Le Noir et le rouge*, révèlera, à beaucoup de Français qui l'ignoraient, le passé vichyste de François Mitterrand. Et notamment la remise de la francisque par le maréchal Pétain au futur président de la République, en décembre 1943. Parmi les figures de la Ve République, François Mitterrand

– personnage ô combien mystérieux et complexe – est sans doute celui qui l'a le plus inspirée. Si Catherine Nay possède l'art de la description des détails, elle excelle également dans l'analyse des sentiments. Les 150 premières pages de *L'Impétueux*, sorti chez Grasset en 2012, sont magistrales : elles éclairent d'une lumière particulière les débuts mouvementés du quinquennat de Nicolas Sarkozy, un chef de l'État secoué par ses déboires sentimentaux.

La politique française, Catherine Nay l'observe au jour le jour depuis plus de cinquante ans. Elle l'a vue évoluer, changer. Elle confie que cette politique manque à présent de grands serviteurs, de figures de bonne stature. Quant à la France, elle dit qu'elle a « perdu sa singularité et sa puissance par sa faute ». La boucle est bouclée : le pays, ajoute-t-elle, a besoin de quelqu'un dont de Gaulle disait qu'il a « le fluide de l'autorité ».

Yves Thréard : Catherine Nay, y a-t-il, selon vous, une vision féminine et une vision masculine de la France ?
Catherine Nay : On peut dire qu'il y a une vision mixte de la France, par ses symboles, par ses représentations. Il y a Marianne, et le coq gaulois. Le coq gaulois, présent sur toutes les églises, et également la grille du coq à la sortie de l'Élysée.

YT : C'est vrai.
CN : Pourquoi « le coq gaulois » ? *Gallus*, en latin, c'est à la fois le coq et la Gaule, mais pas seulement. Vous voyez, le coq gaulois… c'est un personnage ridicule quand il est au milieu des poules. Il se pavane, c'est un macho, mais

symboliquement, il est celui qui réveille les gens pour aller travailler, et qui passe de l'ombre à la lumière. C'est un animal solaire, et donc un peu arrogant.

YT : Les femmes sont arrogantes ?
CN : Les hommes peuvent l'être.

YT : Pourtant, on ne peut pas dire, dans l'histoire de France, qu'on ait beaucoup salué, loué les femmes, à part Jeanne d'Arc et Anne de Bretagne. Regardez au Panthéon, par exemple. C'est un peuple d'hommes qui habite cette institution, il n'y a que cinq femmes. Simone Veil, la plus récente, Marie Curie, il y a évidemment Germaine Tillion et Geneviève de Gaulle-Anthonioz[1]. Et puis étonnamment, il y a Sophie Berthelot, qui n'est pas là pour ce qu'elle a fait, mais pour ses grandes vertus conjugales.
CN : Comme Antoine Veil qui est avec Simone.

YT : Il en faudrait d'autres ?
CN : Sûrement, mais il ne faut pas non plus s'étonner qu'il y ait peu de femmes au Panthéon. Nous avons des valeurs qui sont les nôtres aujourd'hui, qui ne sont pas celles dont nous avons hérité depuis 1804. Avec le code civil de Napoléon, les femmes et la société étaient sous la domination masculine. Ça a été la domination patriarcale.

YT : D'ailleurs, on parle du « bon père de famille ».
CN : Avez-vous remarqué, elles ne sont que cinq au Panthéon, et je crois que seulement 5 % des rues en France portent le

1. Depuis cet entretien, Joséphine Baker est entrée au Panthéon, le 30 novembre 2021.

nom d'une femme. Il y a des peintres, des écrivains, mais les femmes sont minoritaires. Vous savez, on dit : « Le général de Gaulle a donné le droit de vote aux femmes en 44. » Avant 1944, la plupart des pays européens avaient donné le droit de vote aux femmes. Nous, on est très retardataires. Après 14-18, les femmes avaient démontré qu'elles pouvaient remplacer les hommes, elles avaient été courageuses – et je parle presque d'un souvenir personnel, parce que ma grand-mère avait repris l'entreprise de son mari, mort en 1916. Elle a été très courageuse. Ça a marché jusqu'à l'aube de la crise de 29, où elle a arrêté car les clients ne payaient plus. Elle était furieuse de pas avoir le droit de vote et allait écouter Louise Weiss à Tours, qui était une suffragette et s'est battue pour le droit de vote. Enfin, le général de Gaulle donnait le droit de vote aux femmes.

YT : Le général de Gaulle l'a donné en 1944 par ordonnance, d'ailleurs. Actuellement, on dit : « Pourquoi ne pas y faire entrer Gisèle Halimi. » Est-ce que c'est une figure qui, pour vous, devrait avoir les honneurs du Panthéon ?
CN : Oui, peut-être. Qu'est-ce qu'on célèbrerait chez elle ? Est-ce que c'est la défense des Algériens côté FLN ?

YT : Donc, les ennemis de la France.
CN : Les ennemis de la France, ou alors celle qui s'est battue pour les femmes, le porte-drapeau, l'avortement. Pourquoi pas ?

YT : La dualité de l'histoire de France… Il y a toujours de l'ombre, de la lumière. On a eu la royauté, ainsi que la République. Nous allons lire cette phrase de Marc Bloch,

dans *L'Étrange Défaite* : « Il est deux catégories de Français qui ne comprendront jamais l'histoire de France, ceux qui refusent de vibrer au souvenir du sacre de Reims ; ceux qui lisent sans émotion le récit de la Fête de la Fédération. » Comment interprétez-vous cette phrase ?
CN : Je sais qu'il y a eu une polémique, parce que Marion Maréchal-Le Pen la citait souvent, Nicolas Sarkozy aussi pendant sa campagne, et les exégèses de Marc Bloch disaient : « Non, il ne voulait pas dire qu'on n'était pas un bon Français si on ne vibre pas à ces deux événements. » Il voulait simplement dire qu'il regrettait que les élites ne sachent plus faire vibrer la France dans les grands événements.

YT : Il ne parlait pas de la royauté d'une part, ni de la Révolution ou de la République, mais il parlait de l'unité des Français autour d'un fait marquant.
CN : Prenons ces deux exemples : le sacre de Clovis à Reims, dans les années 500, a été un événement majeur parce que, après lui, tous les rois sont venus se faire sacrer à Reims. Les Capétiens, les Valois, les Bourbons, même Louis XVI, qui avait 20 ans, et Marie-Antoinette 19 ans. Turgot avait dit : « Vous dépensez trop d'argent pour ces fêtes-là. » C'est un événement qui a marqué l'histoire. Concernant la fête de la Fédération, elle a réuni près de 300 000 personnes sur le Champ de Mars, un an après la prise de la Bastille, ce qui est incroyable. Il y avait une énorme tente sous laquelle se tenaient Louis XVI, Marie-Antoinette, Lafayette, Talleyrand, qui a prononcé la messe, au milieu, avec 300 prêtres, alors qu'il se disait athée. Il y a eu l'impression éphémère que c'était une grande fête de l'unité et que le roi disait : « Cette constitution, je l'appliquerai. »

YT : Il y avait une unité.
CN : Il y a eu une unité, mais très éphémère. Qui aurait pensé que, trois ans après, le roi serait décapité ? Vous savez comment je vois la fête de la Fédération ? J'avais lu pas mal de choses et le 14 juillet 1790 avait été une journée où il avait plu des cordes. Alors que 1789 a été précédée par des années de grande sécheresse. En juillet 1788, il y a eu un orage – si on en parlait aujourd'hui, on parlerait du « dérèglement climatique » –, qui est passé de l'Aquitaine à la région parisienne et Hauts-de-France. Ce qui a donné des pluies de grêle avec des grêlons de 500 grammes, qui ont tout dévasté. En outre, ce qui était le prélude à la Révolution, ce fut la famine, et après, l'année 88-89, il y a eu un hiver qui a duré trois mois, pendant lequel il faisait -15 à -20 degrés. Il y a eu des changements climatiques qui ont sûrement joué un rôle et ça m'a toujours intéressée. À l'époque, on ne disait pas : « Cela est la faute des Hommes »

YT : Une certaine idée de la France, il y en a un qui avait une idée très précise de cette France. C'était en 1965, entre les deux tours de l'élection présidentielle – la première au suffrage universel direct –, le 13 décembre, face à Michel Droit : c'est le général de Gaulle, on l'écoute.

> « Je me fais en effet de la France une certaine idée. Je veux dire par là qu'à mon sens, elle est quelque chose de très grand, de très particulier. C'est, du reste, je le pense, ressenti par le monde entier [...] C'est vrai, la France est une chose, à mes yeux, très considérable, très valable. Et elle doit avoir dans le monde quel qu'il soit, à toute époque, naturellement d'après les circonstances, elle doit

> avoir un rôle à elle. Il faut que la France joue son rôle, c'est exact. Et pour qu'elle joue son rôle, il faut qu'elle soit la France. Les Français. Les Français, c'est eux qui font la France. C'est eux qui en sont responsables [...] La France est plus que les Français du moment. La France vient de loin. »

« La France vient de loin. » Elle vient d'où, pour vous ? De quelle France parle-t-on ? De celle qu'on a longtemps enseignée à l'école ? On commence aux Gaulois, Vercingétorix, ou est-ce que – on parlait de Clovis –, c'est le baptême de Clovis qui marque le début, ou est-ce Philippe Auguste ? Elle vient d'où, pour vous, la France ?
CN : Je ne la daterais pas. Tous les exemples que vous me donnez peuvent être pris. La France, c'est un pays qui s'est façonné peu à peu, avec la singularité d'être marqué par l'histoire, par des monuments, et par une géographie qui est absolument exceptionnelle. La beauté de la France, c'est un cadeau, donné par qui ? Je ne sais pas, par Dieu peut-être, mais je crois que lorsqu'on entend le général de Gaulle parler de la France, on a envie de pleurer. On a envie d'entendre que la France a un rôle à jouer, que lui-même pouvait le jouer, parce qu'il était de Gaulle.

YT : Justement, aujourd'hui, les hommes politiques parlent-ils davantage des Français que de la France ?
CN : Ils parlent davantage des Français car les Français attendent des avantages acquis. Aujourd'hui, c'est très difficile de magnifier la France. Qu'est-ce qui fait un grand pays ? C'est sa monnaie. Pour l'instant, l'euro fait que nous

sommes épargnés des fluctuations du franc. Depuis trente ans, il n'y a plus d'industrie. Le niveau de l'enseignement à l'école, on voit qu'il est en train de se détériorer. Les élèves en sortent sans savoir ni écrire ni compter. Il y a les savoirs indispensables, que la France n'arrive plus à enseigner.

YT : La France manque un peu de projets, non ? Lorsque le général de Gaulle parle de la France, il a un projet pour elle.
CN : Il a modernisé la France, oui.

YT : Il dit une deuxième chose : « Les Français en sont responsables. » Sont-ils responsables de leur pays ?
CN : Tout à fait.

YT : Le sont-ils toujours ?
CN : C'est une idée qui ne les effleure pas car on ne leur rappelle pas. Kennedy disait : « Au lieu d'attendre quelque chose de votre pays, demandez-lui ce que vous pouvez faire pour lui. »

YT : Il faudrait le formuler ?
CN : Oui, il faudrait le dire, mais c'est indicible. Il faut une autorité naturelle, une expérience, avoir un pédigrée derrière soi qui permet cela. Quand vous avez sauvé la France, vous pouvez imposer des choses.

YT : Il y a un troisième thème. « La France a un rôle à jouer dans le monde. » Est-ce que c'est vrai ? Alors président, Valéry Giscard d'Estaing avait dit : « Finalement, on est devenu une puissance moyenne. »

CN : Nous ne sommes que 1 % de la population mondiale. Avec de Gaulle, il y a eu des grands discours qui ont montré que la France avait existé : le discours de Phnom Penh, le discours de Québec. Avec le général de Gaulle, elle a joué un rôle important.

YT : Même après de Gaulle, en 2003, quand Jacques Chirac dit non à George W. Bush en refusant d'aller en Irak.
CN : C'est vrai.

YT : Est-ce que l'Europe n'a pas fait perdre sa singularité à la France ?
CN : Je pense que la France a perdu sa singularité et sa puissance par sa faute, par les politiques qu'elle a menées. Si elle était une grande puissance économique, si elle avait développé son industrie, si elle était une grande puissance exportatrice, si elle pouvait, à l'égard de l'Allemagne, dire : « On parle d'égal à égal »... Il y a d'un côté un pays dont les caisses sont pleines, qui a des entreprises fortes, qui a créé des emplois, et, de l'autre côté, un pays qui a un chômage fort, qui a des entreprises qui périclitent et qui est endetté. Quand vous en êtes à ce point, c'est complètement déséquilibré.

YT : La France est cependant à un niveau supérieur à l'Allemagne, d'un point de vue militaire. La France intervient en Afrique, au Sahel, pour défendre évidemment son territoire, mais aussi les intérêts de toute l'Europe, contre les djihadistes, contre la menace terroriste. La France a encore des atouts, quand même.
CN : La France a des atouts, qu'elle paye cher. Les Maliens disent que la France est un pays colonial et qu'elle doit partir.

Il y a plusieurs États africains qui collaborent à cette politique avec la France, quelques États européens, mais ce n'est pas pour cela que la France est très soutenue en Europe. L'armée française est encore une institution qui tient. Les militaires sont une catégorie de Français qui ont le sens du devoir.

YT : Le général de Gaulle se méfiait de l'influence américaine, après la guerre. Il était attaché à notre indépendance, notamment nucléaire. Avons-nous subi cette influence américaine ? Aujourd'hui, la culture française n'est-elle pas menacée, par cet apport, à la fois, de la culture américaine, et à la fois, d'une mondialisation, qui introduit dans la culture et en France d'autres notions, d'autres paradigmes ?
CN : C'est inévitable. Tout est ouvert avec les réseaux sociaux, avec les communications… Ce qui est préjudiciable dans l'influence américaine, c'est cette *cancel culture* des universités américaines. Vous savez qu'il y a des diplômes pour les Blancs et les Noirs ? Et ce qui se passe, en ce moment, à l'UNEF, ce qui se passe dans les universités en France ? On essaye d'effacer le passé et ça, c'est très dangereux, le débat n'est plus possible.

YT : Il n'y a plus de débat en France ? Selon vous, c'est une menace pour la culture française ?
CN : C'est une menace. Dans les universités, on ne forme plus les étudiants au débat serein. L'université, aujourd'hui, c'est la suite de ce qui se passe dans les écoles. Après l'affaire Samuel Paty, il est très difficile de parler de laïcité à des jeunes à l'école. Les parents interviennent, les directrices disent : « Pas de vagues. »

YT : La faute à qui, cette dérive, que vous dénoncez et que vous redoutez ? C'est la faute au personnel politique ?
CN : C'est la faute au personnel politique, en partie, car c'est très difficile d'expliquer la laïcité. Je pense qu'on parle trop de religion. La laïcité, dans le fond, c'est une liberté. C'est la liberté de chacun de croire ou de ne pas croire, et c'est devenu, au contraire, même avec la loi sur le séparatisme, une loi qui finit par pénaliser toutes les religions. Je pense qu'elle a raté son but. Et cela incite les musulmans au séparatisme encore plus.

YT : Vous disiez, tout à l'heure, que la France était désindustrialisée, que la France avait perdu beaucoup d'atouts. Ce sont les hommes politiques et les femmes politiques qui n'ont pas su relever les défis posés à notre pays, dans une époque et dans un monde ouvert, comme il l'est aujourd'hui ?
CN : Quand vous faites les 35 heures, au moment où le chancelier Schröder réduit l'État providence, on constate que les deux pays, au même moment, prennent des attitudes divergentes. Les Allemands en ont bavé. L'État providence a été réduit, au moment où la France faisait le contraire.

YT : Il y a des responsabilités. De droite et de gauche ?
CN : Oui. La droite a institué les 35 heures facultatives, avec la loi Robien, en 1996. La gauche arrive au pouvoir un an après. Constatant que la droite faisait les 35 heures facultatives, la gauche les a faites, de manière obligatoire. Je ne sais pas qui a dit : « La droite, la gauche, ce sont des épiciers concurrents qui se fournissent chez le même grossiste », mais c'est vrai.

YT : Si, un jour, une femme devenait présidente de la République, ça changerait quelque chose ?
CN : Ça dépend si elle est compétente.

YT : Aujourd'hui, néanmoins, même si ce n'est pas encore tout à fait le cas, on peut dire que le personnel politique est plus équilibré que par le passé. Il y a plus de femmes.
CN : Oui.

YT : Vous vous en réjouissez ?
CN : Qu'il y ait plus de femmes, oui, c'est évident. Mais le fait que Marine Le Pen tempère son discours ne la rend pas, pour autant, plus compétente qu'elle ne l'était il y a quelques années.

YT : Êtes-vous nostalgique d'une période de la France que vous avez vécue ?
CN : Non. Cependant, il y a eu un moment de ma vie où je trouvais qu'il y avait adéquation entre l'action et la parole d'un président. La France de Georges Pompidou – quand il était Premier ministre, car après la maladie l'a vite atteint –, on avait l'impression qu'il y avait des équipes gouvernementales où il y avait une certaine cohésion, il y avait une vision politique.

YT : Cela n'existe plus ?
CN : Cela existe moins. Aujourd'hui, il faudrait déjà être courageux, mais avec les réseaux sociaux, les pluies de sondages, la transparence, vous êtes accablé…

YT : C'est beaucoup plus difficile ?

CN : Beaucoup plus. Beaucoup plus. Et puis, la parole d'un quidam qui vaut celle de l'élu, vous voyez ? Avec ces débats sans fin…

YT : Vous êtes un peu nostalgique ?
CN : Oui, car je ne sais pas si on peut remonter la pente. J'aimerais beaucoup mais je n'en suis pas sûre.

YT : Vous parliez des paysages. Est-ce que la France, ce qu'elle est, procède justement de ces paysages ?
CN : Regardez-vous « Des racines et des ailes » ?

YT : Oui, belle émission.
CN : Là, on est stupéfait par cette beauté. Vous regardez cela, vous vous dites : « Je prends ma voiture et j'y vais. » Vous avez envie de partir…

YT : Écoutez cette chanson.

> *« De plaines en forêts de vallons en collines*
> *Du printemps qui va naître à tes mortes saisons*
> *De ce que j'ai vécu à ce que j'imagine*
> *Je n'en finirai pas d'écrire ta chanson*
> *Ma France*[2]. »

Vous l'avez reconnu, c'est Jean Ferrat. Il dit la même chose que vous.
CN : Oui, oui, c'est vrai.

---

2. © Warner Chappell Music France.

YT : Vous ne partagez peut-être pas tout à fait les mêmes idées politiques que lui…
CN : On peut avoir les mêmes sensations, la même sensibilité.

YT : À l'époque, on pouvait être compagnon de route du Parti communiste, puisque c'est ce qu'il était, ou journaliste indépendante et avoir les mêmes idées. Vous disiez qu'il n'y a plus de dialogue, aujourd'hui. Les ruptures sont beaucoup plus brutales. Il n'y a plus de choses en commun.
CN : On a des gens proches, avec qui on peut partager ses émotions, ses envies, ses lectures. On a toujours quelqu'un avec qui partager. Mais on a l'impression que c'est une France qui est très morcelée. On a l'impression qu'on a beaucoup de mal à trouver de l'unité au sein de ce patchwork.

YT : *La Marseillaise*, vous pleurez en l'écoutant ?
CN : Non. Tout à l'heure, vous parliez de l'armée. Vous savez, quand il y a des cérémonies, aux Invalides, que des corps de jeunes soldats, qui ont donné leur vie, reviennent, et que *La Marseillaise* est jouée, là, oui…

YT : Cela vous émeut ?
CN : Énormément.

YT : Est-ce que vous avez un rêve pour ce pays, votre pays ?
CN : Je voudrais qu'il soit une grande puissance et qu'on exporte, qu'on soit fiers.

YT : Qu'on retrouve notre panache ?
CN : Qu'on n'a pas eu depuis longtemps. Est-ce que c'est possible ? Oui.

YT : C'est possible ? Vous êtes optimiste ?
CN : C'est-à-dire... Dans la nouvelle génération, je suis assez frappée de voir des jeunes qui en ont envie. Ils sont assez optimistes.

YT : Cela vous rend optimiste ?
CN : Oui. Ils ne le sont peut-être pas tous, mais j'en connais. Alors, oui.

*

YT : Je vais vous demander de vous livrer à un petit exercice, un questionnaire de Proust, en quelque sorte. Si la France était un écrivain, ce serait qui ?
CN : Victor Hugo.

YT : Pourquoi ?
CN : C'est un monument ! Il a tout fait. Poète, écrivain, dramaturge, sénateur, député. Député, et à la fois un grand écrivain populaire, et puis un opposant, qui est parti s'exiler. C'était aussi quelqu'un d'une telle vitalité, d'un talent assez exceptionnel. J'avais revu des images de ses obsèques, 2 millions de personnes dans la rue ! Le double de Johnny Hallyday ! C'était le Johnny Hallyday de l'époque. Il avait de grandes idées de liberté et de courage.

YT : Si c'était une toile, un tableau, une photo, ce serait quoi ?
CN : Eugène Delacroix. Son tableau sur la liberté, avec cette Marianne.

YT : *La liberté guidant le peuple.*
CN : Ce tableau a été peint en 1831. En 1831, c'est l'année où Victor Hugo publie *Notre-Dame de Paris*. Pourquoi Notre-Dame de Paris était-elle si importante à cette époque ? Il était déjà question de sa réfection. Il n'y avait pas la flèche, elle n'existait pas. Je trouve que ce tableau est très beau, il véhicule l'idée que la liberté se mérite.

YT : Et Notre-Dame ? Elle est partie en flammes. Elle va être restaurée.
CN : Là, j'ai pleuré.

YT : Vous avez pleuré ? Ça vous a secouée ?
CN : Ça m'a secouée.

YT : On en a parlé... et si c'était un paysage ? Je voudrais savoir si vous avez un paysage particulier qui vous tient à cœur ?
CN : Non. C'est LA France. Vous savez pourquoi les Américains ne partent pas en week-end ? Car quand ils sont dans leur État, ils font 500 km et c'est le même paysage, partout.

YT : Vous appréciez autant tous ses paysages. Vous fréquentez tous ses univers ?
CN : Pas assez. Mais cela me fait rêver. Si l'avenir nous promet une France avec éoliennes, partout, alors là, je suis désespérée.

YT : Si la France était un personnage, lequel serait-ce ?
CN : Bonaparte. Bonaparte avant Napoléon.

YT : Pourquoi Bonaparte ?

CN : Parce qu'il a pensé la France, la réorganisation, les préfets, la Banque de France, les lycées… Y compris la Légion d'honneur. Il a fait le Code civil, en 1804, qui est d'une misogynie effrayante. Je trouve que c'était un génie.

YT : On dit souvent que la France est bonapartiste.
CN : Oui.

YT : Elle a besoin d'un homme fort. On a besoin d'un homme fort ?
CN : On a besoin de quelqu'un dont de Gaulle disait qu'il a « le fluide de l'autorité ». Qui, lorsqu'il parle, entraîne les autres. Qui est un moteur qui soulève. On a besoin d'un capitaine. Je ne sais pas s'il y en a en magasin en ce moment.

YT : Merci, Catherine Nay.

Abnousse Shalmani

(Journaliste, essayiste)

« *La France s'aime de moins en moins.* »

D'abord, il y a son visage, souriant et ceint d'une foisonnante chevelure rousse et bouclée. On devine qu'Abnousse Shalmani va surprendre. C'est ce qu'elle fait quand elle écrit des articles, des livres – aux titres bien troussés – ou quand elle intervient à la télévision. C'est rarement un jus de crâne sans intérêt ; le propos est toujours pimenté, à rebrousse-poil des lieux communs, un tantinet provocateur.

Née en Iran deux ans avant l'arrivée au pouvoir des islamistes, cette jeune femme se raconte dans *Khomeyni, Sade et moi*, paru chez Grasset en 2014. Après une petite enfance passée sous la férule des « femmes-corbeaux » du régime – un jour, elle se promena « cul nu » dans son école –, Abnousse Shalmani débarque en France avec ses parents en 1985. Les femmes sont au cœur de sa réflexion, mais au nom d'un féminisme qui n'est pas une assignation à résidence. « Je suis un individu avant d'appartenir à un sexe ou d'être née à Téhéran », a-t-elle dit un jour. Elle refuse également de jouer l'Iranienne persécutée de service. En 2017, la journaliste, aujourd'hui de nationalité française, signe un article-manifeste dans l'hebdomadaire *Marianne* intitulé « Pourquoi je ne suis plus féministe ». Elle y oppose les féministes gagnées par l'islamogauchisme au féminisme historique d'Olympe de Gouges ou de Coco Chanel. Après *L'Éloge du métèque* (Grasset), elle écrit *Les Exilés meurent aussi d'amour*, chez Grasset, en 2018.

Abnousse Shalmani a une passion pour la littérature libertine des XVIIe et XVIIIe siècles. Dans un entretien accordé au *Monde* en 2014, elle a cette phrase extraordinaire : « Le merveilleux cadeau que m'a donné l'exil, malgré sa douleur, c'est le bruit de mes talons et les cheveux au vent dans les rues de Paris. » Chapeau bas !

Yves Thréard : « Liberté, égalité, fraternité », Abnousse Shalmani, la promesse de cette devise est-elle encore tenue aujourd'hui ?
Abnousse Shalmani : Était-ce une promesse ? C'est la grande question. L'idée, depuis la glorieuse Révolution française, est l'universalisme, et ce triptyque qui l'accompagne est une abstraction plus qu'une promesse. Une idée, pour qu'elle puisse être tenue, il faut que nous y souscrivions. Effectivement, les trois mots ont été abîmés.

YT : Comment ?
AS : Un ami syrien m'a demandé la différence entre la gauche et la droite et je lui ai répondu – pour simplifier – la droite, c'est la liberté, la gauche, c'est l'égalité. Je pense que la liberté

a un peu perdu ses lettres de noblesse, parce qu'on l'associe à la brutalité, à la violence.

YT : À l'individualisme également, non ? La notion de liberté collective a finalement cédé le pas à un individualisme ravageur ?
AS : C'est ravageur, bien sûr. Le grand paradoxe c'est que l'individu est essentiel, mais il faut que l'individu ait un peu conscience de la collectivité.

YT : Voilà pour la liberté, et pour l'égalité ?
AS : Nous sommes tombés dans l'égalitarisme. Il faut que tout le monde ait les mêmes chances.

YT : C'est l'égalité, l'égalitarisme ce n'est pas tout à fait cela.
AS : Ce n'est pas cela. L'égalitarisme est en quelque sorte une punition générale. Prenons l'exemple de l'école, ce nivellement par le bas, je le trouve assez criminel. Je suis arrivée d'Iran en France à l'âge de 8 ans, j'étais en classe de CLIN (à présent UPE2A) et je ne parlais pas un mot de français. La langue française que je parle aujourd'hui est le fruit de l'école républicaine, laïque et gratuite. Ce n'est quand même pas rien, il faut le marteler pour s'en souvenir. J'arrive à l'école en 1986, mais on s'en foutait que je sois d'origine étrangère. Je me souviens, lorsque j'étais en 5e, de ce livre, *Une femme*, d'Annie Ernaux, très court et très dur, qui portait sur l'Alzheimer.

YT : Annie Ernaux qui est une écrivaine française.
AS : J'étudiais au collège Anne Frank dans le 11e arrondissement de Paris – ancienne école Trousseau – et il n'y avait

pas moins de quarante nationalités dans cette classe. Tout le monde a lu ce livre et tout le monde était censé le comprendre, c'était normal. Ce n'était pas la France qui s'adaptait à moi !

YT : C'était à vous de faire l'effort ?
AS : Bien sûr.

YT : Ce n'est plus le cas aujourd'hui ?
AS : Non.

YT : À qui la faute ?
AS : Aujourd'hui, il faut absolument que tout le monde ait le bac et que tout le monde soit au même niveau, mais le meilleur niveau pour tout le monde c'était le plus haut possible. Je ne sais pas, quelques esprits brillants et égarés se sont dit : « Et si on faisait par le bas ? »

YT : L'égalitarisme, c'est le nivellement par le bas ?
AS : Oui, et cela tue l'égalité.

YT : Et en ce qui concerne la fraternité ?
AS : La fraternité, c'est toujours ce qui est le moins mis en avant, mais la fraternité, c'est ce qui permet de corriger l'individualisme qui naît de la liberté. Je pense que c'est la jonction entre ces trois concepts qui a été oubliée. C'est que l'individu doit l'emporter sur tout, en l'occurrence l'individu est plus important que le sexe, l'origine sociale, l'éthnie, la religion, mais l'individu tout seul finit par broyer la fraternité et casser la possibilité de l'égalité. C'est plus la jonction entre les trois qui s'est perdue. On a oublié de relier ces éléments, donc chacun en a pris un bout : la droite a pris la liberté, la gauche a pris l'égalité et la

fraternité s'est retrouvée orpheline. Je pense que c'est de là que naît la crise que l'on est en train de vivre en France.

YT : La fraternité ce n'est pas un acte, un serment vis-à-vis de la nation justement ? Cela n'existe plus ?
AS : La France, la République française, la nation française m'assure ma liberté, fait en sorte que j'aie accès comme n'importe quel autre citoyen aux mêmes droits et aux mêmes exercices de droits, et par la fraternité, je rends à l'État ce qu'il m'a donné. J'ai été boursière durant toute ma scolarité, par exemple, je trouve que je dois quelque chose à l'État, la possibilité d'avoir fait des études, je le dois à l'État. La fraternité, c'est essayer de remercier mon pays.

YT : Alors cette belle devise, vous l'avez épousée quand vous êtes arrivée en France dans les années 1980 ? Il y avait encore à l'époque – c'est peut-être encore le cas – une volonté d'assimilation des populations, des gens qui viennent de l'étranger en France, ou au contraire ces gens-là ne jouent pas le jeu ? La France n'assimile plus ?
AS : Non, on n'assimile plus, c'est évident. Dans les années 1980, ce n'était pas un gros mot, c'était naturel. Vous savez, il faut être deux pour que ça fonctionne.

YT : Votre mot à vous, c'est "intégration" ou "assimilation" ?
AS : Aucun des deux, pour moi, c'est "appropriation", et ça énerve les autres…

YT : Alors c'est quoi, l'"appropriation" ?
AS : Pour moi, il s'agit de la même chose que l'assimilation, mais il y a dans l'idée de l'appropriation quelque chose de

plus actif. L'immigré, l'exilé, le métèque est actif. Quand on regarde le maillage territorial des bibliothèques municipales, la culture est à portée de main, gratuitement et partout. C'est au métèque d'aller s'approprier cette langue, cette culture.

YT : Les métèques, comme vous dites, ils le font ou non ?
AS : De moins en moins, je trouve, parce que la France s'aime de moins en moins, et pour que ça puisse fonctionner, il faut aussi que la France s'aime.

YT : Pourquoi est-ce qu'elle ne s'aime plus, la France ?
AS : Elle ne s'aime plus parce qu'elle est tombée dans cette espèce de ressentiment collectif, cette sorte de culpabilité née dans les années 1970, avec ce qu'est devenue la *French Theory*, avec Gilles Deleuze, Jacques Derrida, tous ces penseurs-là…

YT : Ce sont des philosophes qui dominaient les consciences à l'université.
AS : Totalement, on arrivait déjà au bout du communisme, il fallait trouver autre chose, alors il se sont mis à tout déconstruire. Cela paraît très révolutionnaire, mais on a fini par abîmer l'idée même de la France.

YT : La France a renié ses principes ?
AS : Oui, et elle ne s'est pas rendu compte qu'elle jetait le bébé avec l'eau du bain. C'est cela qui est tragique.

YT : Cette société, c'est devenu une société qui est pour vous multiculturelle, ou c'est une société qui est abîmée justement parce qu'elle ne veut pas s'avouer qu'elle a changé ?

AS : Rien, je pense que rien n'est définitivement abîmé. La France, comme d'autres pays, est passée par des phases plus ou moins glorieuses, plus ou moins difficiles. Là, on est clairement dans une phase difficile, quelque chose s'est grippé, quand à chaque fois que vous déclarez votre amour pour la France, on va vous opposer le pire de la France… Mais en vérité, il faut aussi apprendre à aimer le pire.

YT : Vous êtes française ?
AS : Oui, je suis de nationalité française.

YT : Vous avez obtenu la nationalité par naturalisation.
AS : Exactement.

YT : Si vos parents étaient arrivés en France avant votre naissance, vous auriez bénéficié du droit du sol. Il y a certains hommes et femmes politiques qui disent qu'il faut arrêter avec le droit du sol et passer au droit du sang. Qu'est-ce que cela vous inspire ?
AS : Cela me vexe.

YT : Parce que vous seriez concernée !
AS : Je ne serais plus française, c'est assez tragique pour moi. Ce qui m'exaspère, c'est que cela vient de personnes qui se disent patriotes et qui aiment la France, mais justement le droit du sol fait partie de l'histoire de la France. L'Allemagne a abandonné le droit du sang il y a très peu de temps, c'était une spécificité allemande. Aimer la France veut dire aimer son histoire, et le droit du sol fait partie de son histoire. La France n'a jamais été multiculturelle, mais elle a toujours été cosmopolite. Ce cosmopolitisme-là a toujours existé, pourquoi ?

Parce que Paris était un phare culturel ! Quand on voulait bien penser, quand on voulait savoir ce qui était en train de se dérouler dans le monde, on regardait Paris. C'est donc tout à fait normal que de nombreux métèques viennent naturellement, mais comme si c'était naturellement leur patrie, c'est cela que l'on a oublié. Ce cosmopolitisme-là, au lieu d'en faire une force, on a commencé à le mettre sous le tapis, et à chercher chez les Anglo-Saxons des concepts qui sont complètement étrangers à notre histoire et qu'on essaie de calquer sur une France qui n'a pas besoin de cela.

YT : Elle s'est standardisée, la France ? Elle a perdu sa singularité ?
AS : C'est exactement comme le fait d'avoir les mêmes magasins partout. Il y a des franchises dans toutes les villes, toutes les rues commerciales se ressemblent. C'est précisément ce qui se passe au niveau des nations, des pays, ce que je trouve dramatique. Non pas que la culture anglo-saxonne soit inintéressante, mais on n'a pas besoin de cela en France, on a déjà de quoi réfléchir.

YT : Néanmoins, il y a une singularité en France que peu de gens comprennent à l'étranger et qui est contestée, c'est la laïcité. La laïcité n'est pas si vieille, elle a un peu plus d'un siècle, créée en 1905. Cette laïcité a dû vous surprendre lors de votre arrivée en France. On le rappelle, vous venez d'un pays, l'Iran, qui est devenu une théocratie. Est-ce que la France a raison de s'accrocher à la laïcité comme cela, de façon, je dirais, passionnée et passionnelle ?
AS : Oh que oui. S'il ne doit nous rester qu'une seule chose, c'est la laïcité. Quand on me dit : « Ah, mais on

est isolé », je réponds : au moment où la France a fait la Révolution, nous étions les seuls en Europe à être en guerre contre à peu près tout le monde, et à la fin, nous avions raison. J'aime bien cette idée-là, j'aime bien le fait qu'on soit ces fameux Gaulois réfractaires et qu'on continue à être laïques envers et contre tous. Même si la loi date de 1905, le principe est né dans le meilleur des siècles qui soit, le siècle libertin, celui qui a précédé la Révolution française. La Révolution française est déjà trop idéologique pour moi, ce qui me plaît, c'est le siècle d'avant.

YT : Pourquoi ?
AS : Fin du xviie siècle, début xviiie. Parce que c'est à ce moment-là qu'on a pensé la modernité, qu'on a pensé l'individu, qu'on a concédé tout d'un coup qu'il était impossible de libérer la tête sans libérer le corps, c'est la première fois qu'on a fait cette jonction entre la libération du corps et la libération de la tête. C'est l'époque des romans d'apprentissage lus par des filles écrasées par les préjugés et la monarchie, par le clergé et leurs propres parents et qui trouvaient le chemin de la libération dans la lecture, dans la confrontation des idées, dans le libre-arbitre. La libération est née là. La laïcité a été créée en 1905, mais le principe de cette dernière a été pensé au xviiie siècle.

YT : Mais la France a eu une histoire avant, quand même ?
AS : La France existe depuis bien longtemps. Je ne suis pas de ceux qui pensent que la France est née au moment de la Révolution française. Il y a eu plus de quatre-vingts rois avant cela.

YT : Cet esprit justement de liberté qu'on peut pousser jusqu'à un esprit libertin, certains voudraient le remettre en question aujourd'hui. C'est ce que l'on appelle la *cancel culture*, non ?
AS : C'est pour cela que je m'y opposerai. Il est hors de question d'aller abîmer ce qui a permis avant tout aux femmes d'exister en tant qu'individus pensants. Aller cracher sur ce siècle libertin est une honte et un contresens total.

YT : Cette *cancel culture* dont on parle actuellement, elle est un peu née avec les philosophes des années 1970 dont vous parliez tout à l'heure.
AS : Elle est totalement née avec eux.

YT : Ils l'ont exportée, d'ailleurs, aux États-Unis.
AS : Ils nous la renvoient, la blague est là.

YT : Comment lutter contre cela ?
AS : C'est comme avec les vampires, quand on en voit un, on sort l'ail et le crucifix. Là, il faut évoquer James Baldwin. James Baldwin, quand il arrive en France, auteur noir et homosexuel, il ne comprend pas quand les Noirs français lui disent qu'ils sont frères. « Non, répond-il, toi tu as un pays, tu as la France, mais au cas où cela se passe mal en France, tu connais le nom de ton père, tu connais le nom de ton grand-père, tu peux retourner chez toi, moi je n'ai pas d'autres choix que d'être américain, mes racines ont été coupées puisque je suis un descendant d'esclave. » Quand on m'explique que le racisme est systémique en France, il suffit de prendre les textes de James Baldwin, qui a quand

même vécu, a publié et est mort en France, pour s'opposer à tous ces gens-là.

YT : Est-ce qu'il n'y pas un esprit de revanche des "assimilés" ?
AS : Ceux qu'on entend le plus sont ceux qui rejettent l'assimilation française, qui rejettent la culture française, ceux qui ont les outils pour pouvoir la rejeter. Cela devient quand même comique car nous sommes tous des enfants de la France. Est-ce une crise d'adolescence? Je n'en sais rien! À chaque fois je me pose la question : vous voulez casser cela, mais pour y mettre quoi à la place? On va retirer James Baldwin pour mettre Malcom X à la place? Vraiment?

YT : Quels sont les ressorts de cette *cancel culture*? C'est l'ignorance?
AS : Oui, il s'agit de l'ignorance, de l'inculture. Quand on en vient quand même à déboulonner la statue de Victor Schœlcher, alors que c'est l'un des pères de l'abolition de l'esclavage, cela en devient absurde. La *cancel culture*, c'est une solution de facilité. Je me dis que si on continue ainsi, dans trente ans, on arrivera à la conclusion que l'esclavage n'aura jamais existé vu qu'il n'y aura plus aucune preuve de l'esclavage.

YT : La France doit-elle faire repentance de tout cela?
AS : Bien sûr que non, elle ne doit pas faire repentance, elle doit faire Histoire, elle doit faire Mémoire. La France, l'Europe, l'Occident ont été esclavagistes, mais ça a été dans cette même France, dans ce même Occident, qu'est née l'abolition de l'esclavage. La traite arabomusulmane a existé. En quelle année a été aboli l'esclavage en Iran? En 1929. Je crois qu'il

a été aboli officiellement – parce qu'il est toujours d'actualité – en Arabie Saoudite, en 1965. Ce sont quand même des réalités. Il n'y a quasiment pas de descendants de l'esclavage arabomusulman, parce qu'ils étaient systématiquement castrés. Il n'y a pas de descendants, c'est un pur génocide. Personne n'a survécu dans la traite arabomusulmane. Ce que je veux dire, c'est que l'esclavage, le monde l'a en partage. Il n'est pas question de repentance. L'esclavage, il faut en comprendre les mécanismes.

YT : Je vais vous faire écouter quelqu'un qui n'était certainement pas pour la repentance.

> « Je me fais en effet de la France une certaine idée. Je veux dire par là qu'à mon sens, elle est quelque chose de très grand, de très particulier. C'est, du reste, je le pense, ressenti par le monde entier [...] C'est vrai, la France est une chose, à mes yeux, très considérable, très valable. Et elle doit avoir dans le monde quel qu'il soit, à toute époque, naturellement d'après les circonstances, elle doit avoir un rôle à elle. Il faut que la France joue son rôle, c'est exact. Et pour qu'elle joue son rôle, il faut qu'elle soit la France. Les Français. Les Français, c'est eux qui font la France. C'est eux qui en sont responsables [...] La France est plus que les Français du moment. La France vient de loin. »

La France vient de loin. On est en 1965, c'est l'entre-deux-tours de la première présidentielle au suffrage universel direct. De Gaulle convoque le journaliste Michel Droit pour s'exprimer à la télévision, cela nous rappelle certains

instants récents. Il dit que la France a un rôle à jouer. Justement, la France a joué un rôle important dans les relations avec votre pays d'origine, qui est l'Iran. En 1979, la France – qui est dirigée et présidée à l'époque par Valéry Giscard d'Estaing – accueille l'Ayatollah Khomeiny. Nombre d'intellectuels – Marguerite Duras, Michel Foucault, Simone de Beauvoir – viennent le voir à Neauphle-le-Château, en région parisienne, et le considèrent comme le libérateur de l'Iran. On sait ce qu'il en est advenu après, la France a joué un rôle, là, précisément? Peut-être pas le bon?
AS : On en revient à ce que je disais au début – je suis vraiment une anti-idéologue absolue –, je ne comprends pas comment au nom de l'idéologie on peut brader une certaine idée de la liberté. L'Ayatollah Khomeiny était un excellent communicant, quand on lui disait que les intellectuels français allaient arriver, il s'installait sous le pommier de la maison, à Neauphle-le-Château, et se mettait en prière comme un bouddha. Il ne faisait pas cela à genoux – il savait que cela n'allait pas passer –, mais assis en tailleur sous le pommier. Simone de Beauvoir a écrit des choses agréables sur l'Ayatollah Khomeiny alors qu'il n'en valait pas la peine. Tout le monde s'est fait avoir. Michel Foucault disait que la spiritualité allait prendre le pouvoir. C'est tragique, car si la spiritualité prend le pouvoir où que ce soit, c'est l'ordre moral, et l'arbitraire qui règne. L'ordre moral, c'est forcément l'arbitraire pour condamner les gens, pour séparer les gens.

YT : C'est un détournement des droits de l'homme?
AS : Totalement. Quand Michel Foucault se rend à Téhéran à ce moment-là, c'est délirant.

YT : En 1979, vous aviez 2 ans.
AS : J'avais 2 ans en effet. Le référendum pour accepter l'Ayatollah Khomeiny, c'était le 1er avril 1979, c'est le jour de mes 2 ans. Je me souviens encore de cet anniversaire, ça a été un traumatisme. Dès le lendemain, ma ville de naissance a été recouverte de noir. Tout s'est recouvert de noir, les âmes, les voix, les rires, tout a été mis en sourdine, la violence de cette révolution…

YT : Vous en voulez à la France de l'avoir accueilli ?
AS : Pas du tout. Il y avait des snipers à Neauphle-le-Château et Valéry Giscard d'Estaing a appelé le Shah d'Iran en disant : « Je l'ai dans le viseur, on peut l'abattre. » Le Shah d'Iran a répondu : « Ne faisons pas de martyr. » Quelle bêtise ! Pour qu'une révolution réussisse, il faut être plusieurs. C'était aussi la nullité du Shah, combinée à l'intelligence tactique de l'Ayatollah Khomeiny. Vous savez, les trois personnes qui assuraient sa communication à Paris ont été exécutées à Téhéran peu après l'arrivée du nouveau régime. Michel Foucault, Simone de Beauvoir et les autres ont continué à le soutenir. Pourquoi ? Parce que l'islamisme, cette spiritualité, était anti-américaine et anti-impérialiste. Le parti communiste iranien a tendu la main aux islamistes, au nom de la lutte anti-impérialiste, anti-occidentale, etc. C'est une réalité.

YT : Simone de Beauvoir, Marguerite Duras, qui soutiennent l'homme qui va recouvrir toutes les femmes ?
AS : Oui, c'est intéressant, non ?

YT : C'est intéressant.

AS : C'était clair dans son programme. Les gens pensaient que l'Ayatollah Khomeiny, ultrareligieux, allait laisser les femmes travailler, allait laisser les femmes libres, et après coup, ni Simone de Beauvoir, ni Marguerite Duras ni personne n'a renié le fait d'avoir soutenu l'Ayatollah Khomeiny. Cela, c'est douloureux intellectuellement.

YT : Vous êtes une militante…
AS : Pas militante.

YT : Pas militante. Féministe ?
AS : Oui, féministe.

YT : Attaquée par les féministes.
AS : Tout à fait. Par les néo-féministes, oui.

YT : C'est quoi les néo-féministes ?
AS : C'est ce qui n'est pas le féminisme.

YT : Qu'est-ce que c'est ?
AS : C'est une espèce de gloubi-boulga qui n'a pas de sens, qui pense que fabriquer des clitoris en pâte à modeler à Sciences Po va révolutionner le monde. Comme si, jusqu'à maintenant, on avait fabriqué des pénis. Vous voyez ce que je veux dire, c'est complètement fou.

YT : C'est la négation des genres, c'est ça ?
AS : C'est la négation de tout. Elles commencent vraiment à me fatiguer. Quand les néo-féministes ne sont pas capables de défendre une personne comme Mila, qui est persécutée, harcelée, menacée de mort et de viol…

YT : C'est cette jeune femme qui a déclaré sa haine de la religion musulmane ?
AS : Non, elle n'a pas déclaré sa haine, on l'a attaquée au nom de l'Islam et elle a répondu : « J'emmerde votre religion de merde. » Elle ne s'est pas réveillée un matin en se disant : « Tiens, je vais aller emmerder les personnes qui m'insultent. » Parce qu'elle est lesbienne et qu'elle dit ne pas aimer le physique maghrébin, on lui est tombé dessus à bras raccourcis, le fait de ne pas aimer une fille typée, ça devient une tragédie, non mais !

YT : On va écouter un extrait de chanson.
Ma France à Moi, Diam's.

> *« C'est pas ma France à moi cette France profonde*
> *Celle qui nous fout la honte et aimerait que l'on plonge*
> *Ma France à moi ne vit pas dans le mensonge*
> *Avec le cœur et la rage, à la lumière, pas dans l'ombre*[1]*. »*

C'est Diam's, vous l'avez reconnue, elle critique la France, qui, d'après elle, n'est pas assez ouverte, justement, à ce qu'elle aspire, qu'elle estime peut-être un peu raciste, fermée aux nouvelles cultures. C'est laquelle, votre France ? C'est la France de Diams ?
AS : Mon existence même prouve que la France n'est pas raciste.

YT : Surtout que Diam's, aujourd'hui, elle vit sous le voile intégral.

---

1. © Universal Music Publishing Mgb France.

AS : Elle est très épanouie et c'est heureux pour elle. Vous savez, toute société, tout pays, a son lot de racistes. Dans ma famille iranienne – que je ne vois plus par ailleurs –, j'entends des choses…

YT : Pourquoi vous ne la voyez plus ?
AS : Pour des raisons d'antisémitisme forcené tout simplement. Cela me fatigue, et effectivement ils sont plutôt racistes et pourtant ce sont des Iraniens. Cela n'a tellement pas de sens… Je ne sais pas ce que les gens veulent de la France, moi je sais ce que j'ai envie de donner à la France.

YT : Vous pourriez vous battre pour la France ?
AS : Ah oui !

YT : Vous pourriez mourir pour la France ?
AS : Ah oui. La France m'a sauvé la vie ! Quand je vous dis qu'il faut être capable de rendre ce que l'on a reçu, peut-être que c'est la différence entre une immigration économique et un exil politique.

YT : Vous, c'était un exil politique.
AS : Notre famille était en danger de mort, et à mon avis je n'aurais pas survécu. On a été accueilli en France : j'ai gagné une langue, une autre culture, je suis tombée amoureuse de cette langue française, je me suis épanouie en France, je me suis approprié sa gastronomie, ses chansons, son esprit, son humour, son sens du détachement, une forme d'ironie, d'esthétique, je me suis approprié tout ça. Bien entendu que j'ai quelque chose à lui rendre, à la France. Je dis souvent que la France m'a donné une langue, je lui ai offert des livres.

*

YT : Elle vous a peut-être donné d'autres choses, je vais vous soumettre un questionnaire de Proust. Si la France était un paysage, lequel ce serait ?
AS : La Seine.

YT : La Seine vers Rouen ou la Seine à Paris ?
AS : Toute la Seine. On oublie souvent que la Seine est un fleuve et qu'en suivant la Seine, on suit un gros morceau de l'histoire de France

YT : Si la France était un tableau ?
AS : C'est évident : *Le déjeuner sur l'herbe* d'Édouard Manet.

YT : Pourquoi ?
AS : Pour tellement de raisons...

YT : Pour une certaine forme de libertinage peut-être ?
AS : Il y a le regard de cette femme qui assume, qui est nue, qui est fière, c'est magnifique. Ensuite, quand on regarde précisément, les fruits ne sont pas tous des fruits de saison, donc cela place le tableau dans un monde imaginaire. La perspective est fausse, puisque cette femme est beaucoup trop proche de celle qui se baigne. L'atmosphère c'est l'imaginaire, la force de l'imaginaire, la force d'une histoire, je trouve que la position des corps, l'espèce de bordel qu'il y a représente tellement l'intelligentsia française, la liberté, et ce désir de regarder au-delà de la réalité.

YT : L'intelligentsia, même maintenant ?

AS : Non, celle d'avant. Elle est fatiguée, celle d'aujourd'hui, mais cela va revenir, ne désespérons pas. Tant qu'il y a des gens pour penser, rien n'est fichu.

YT : Justement, si la France était un écrivain ?
AS : Romain Gary.

YT : Romain Gary. Pourquoi ?
AS : Parce que Romain Gary est un additionné, parce que c'est l'un des plus grands métèques qui existe, parce que c'est l'un de ceux dont j'ai lu toutes les œuvres. Il a une langue spectaculaire, *Les Racines du ciel* est certainement l'un des plus beaux romans que j'aie jamais lus de ma vie. Parce que c'est quelqu'un qui a appris le français pour pouvoir écrire en français. *Le Chien blanc* est un livre d'aujourd'hui : chaque page est une page humaniste et universaliste. Lire Romain Gary en 1956, le lire en 2020, et je suis persuadée que le lire en 2060, ce sera la même actualité, parce que ce qui l'intéresse, c'est le tempo de l'Homme. Quand on s'intéresse à cela, et pas aux époques à la mode – comme la *cancel culture* qui est une mode douloureuse mais qui n'est qu'une mode –, voilà ce qui fait un immense écrivain. C'est un métèque et moi, je me définis comme une métèque française comme lui se définissait comme un métèque français.

YT : Si la France était un personnage ?
AS : Je choisis Charles de Gaulle.

YT : Pourquoi de Gaulle ? Cela pourrait être Bonaparte ou Louis XIV ?

AS : J'ai hésité à mettre Bonaparte qui est un jalon fondamental dans la construction de la France.

YT : Bonaparte ou Napoléon d'ailleurs, ce n'est pas tout à fait le même.
AS : Ce ne sont pas les mêmes, je pourrais mettre les deux d'ailleurs, ou même Louis XIV à qui l'on doit la gastronomie. Le rayonnement culturel, la diplomatie du coup de fourchette, on les doit à Louis XIV. Mais de Gaulle, parce que c'est le personnage mythique qui est le plus proche de nous. Il n'est pas encore assez loin pour être inaccessible, on peut encore aller chercher chez lui de quoi nourrir la France aujourd'hui, et parce que c'est quelqu'un qui a dit non. J'aime les gens qui disent « non ».

YT : Ça vous est arrivé de dire « non » ?
AS : J'ai dit non au féminisme, non à la *cancel culture*, je passe mon temps à dire non, c'est fatigant. À un moment, il fallait dire non, il fallait résister, il fallait garder la tête haute et il fallait continuer à garder une idée de la France. Au moment de la défaite – qui était quand même une débâcle extraordinaire –, le fait que de Gaulle ait continué à rester la tête haute et à continuer à croire à cette fameuse « certaine idée de la France », c'est quand même quelque chose.

YT : Merci de m'avoir dit oui. Merci Abnousse Shalmani.
AS : Merci.

Michel Winock

(Historien, essayiste)

« *Pour moi, la France, c'est un État et c'est une culture.* »

Il faut écouter Michel Winock raconter l'histoire de France de sa voix grave. C'est un spectacle captivant. Si la nostalgie est aujourd'hui à la mode, lui ne cultive pas du tout le « c'était mieux avant ». Issu d'un milieu modeste, élevé dans un environnement catholique avant de tourner le dos à la foi, il est le pur produit de la méritocratie telle qu'elle est aujourd'hui célébrée, une larme à l'œil. *Jours anciens,* paru chez Gallimard en 2020, est le passionnant récit de sa jeunesse à Arcueil, de ses années de bahut dans le prestigieux lycée Lakanal et de son éveil à la politique pendant la guerre d'Algérie.

Michel Winock, qui n'avait pas choisi de faire d'études supérieures, sera finalement rattrapé par son goût pour l'histoire. Matière dont il devient agrégé puis l'une des figures les plus éminentes en France. Pour autant, il n'aime pas les honneurs et a même refusé la Légion d'honneur. L'homme a fait mille choses en plus de ses fonctions professorales : il a écrit des dizaines de livres, y compris des biographies littéraires – sur Flaubert et Madame de Staël, notamment –, dirigé des revues et collections, collaboré à des émissions de radio, participé à une mission sur l'avenir des institutions commandée par Claude Bartolone, alors président de l'Assemblée nationale. Il a aussi coréalisé un documentaire diffusé par *France 3*, en 2010, intitulé *Et De Gaulle créa la Cinquième.*

Michel Winock a toujours voulu vivre avec son époque. *« Quels qu'en soient les risques »*, précise-t-il. Et le risque qui le dérange le plus est *« la vulgarité culturelle »* qui domine, à ses yeux, la création aujourd'hui.

Yves Thréard : Michel Winock, n'y a-t-il de France que grâce à l'État ?
Michel Winock : Je réponds brutalement oui. Pour moi, la France, pour simplifier les choses, c'est un État et c'est une culture. L'État le plus vieux du monde, qui s'est construit sur les ruines de l'empire romain, puis de l'empire carolingien. Il s'est construit progressivement, lentement et, peu à peu, a réussi à s'imposer sur un ensemble de peuplades hétéroclites. Hétéroclites par la langue, parfois par la religion. En tout cas, par les habitudes, par les rites. Ce n'est donc pas, en France, la nation qui aurait préexisté et qui s'est donné un État. C'est tout le contraire.

YT : C'est l'État qui préexiste à la nation ?

MW : Absolument, et qui va lui donner toute une série de caractères et d'attributs qui, sans eux, font que la nation française n'existe pas.

YT : Aujourd'hui, cet État est-il menacé ?
MW : Oui et non, à mon avis. Étant donné sa puissance, par rapport à la nation, par rapport à la société, il est arrivé que l'État, au fur et à mesure des siècles, ait été trop prépondérant. Il a été conçu comme une force puissante qu'il fallait abaisser. Notre histoire est faite de toute une série d'essais pour abaisser l'État et parfois le renverser. Néanmoins, malgré les coups d'État, les révolutions, les contre-révolutions, on en est toujours revenu. Un État centralisé, doté d'une fonction publique, de nombreux fonctionnaires, d'une armée puissante. C'est de cet État que les Français attendent tout. Mais lui, l'État, ne peut pas tout. C'est pourquoi nous sommes un peuple qui est très fort par le haut et désuni par le bas.

YT : À la base.
MW : L'État a créé un individualisme en face de lui. Il s'est toujours méfié des corps intermédiaires. Les Français ont très naturellement acquis un individualisme qui, à la fois, les protégeait de l'État et qui, en même temps, était en contact direct avec l'État. Un État, des individus, et entre les deux, les forces intermédiaires ont toujours été faibles, avec des intermittences. Notre régime législatif, notre pouvoir législatif a été très largement aux mains de l'État et il le reste encore aujourd'hui, contrairement au système de la démocratie représentative qui voudrait un équilibre entre l'exécutif et le pays consultatif.

YT : Michel Winock, ce que vous venez de dire, c'est peut-être dû à cet homme qui avait une certaine idée de la France.

> « Je me fais en effet de la France une certaine idée. Je veux dire par là qu'à mon sens, elle est quelque chose de très grand, de très particulier. C'est, du reste, je le pense, ressenti par le monde entier [...] C'est vrai, la France est une chose, à mes yeux, très considérable, très valable. Et elle doit avoir dans le monde quel qu'il soit, à toute époque, naturellement d'après les circonstances, elle doit avoir un rôle à elle. Il faut que la France joue son rôle, c'est exact. Et pour qu'elle joue son rôle, il faut qu'elle soit la France. Les Français. Les Français, c'est eux qui font la France. C'est eux qui en sont responsables [...] La France est plus que les Français du moment. La France vient de loin. »

C'est le général de Gaulle. Nous sommes en pleine campagne électorale de 1965. Il donne une première interview et cette définition d'une certaine idée de la France, qui est aussi l'introduction de ses *Mémoires de guerre*. Il dit une chose : « La France vient de loin. » Elle vient d'où, la France ? Est-ce que la France vient de Vercingétorix, comme on l'a souvent étudié à l'école ? Vient-elle de Clovis, ce qui est différent ?
MW : Sur la date de baptême, ou de naissance, de la France, les historiens ont toujours discuté. Il y a eu en effet Clovis, qui a marqué un point de départ certain du christianisme, avec son baptême. C'est un des éléments importants. Il y a eu aussi Charlemagne, mais n'oublions pas que Charlemagne n'était pas roi de France. Il couvrait un empire, et cet empire,

à sa mort, à la mort de son petit-fils, a été coupé en trois. Nous, Français, nous sommes les héritiers de la *Francia Occidentalis*, c'est-à-dire l'Occident de l'empire carolingien. La véritable naissance, peut-être, de la France, a été l'avènement des Capétiens avec Hugues Capet, donc, en 987, un peu avant l'an 1000. Admettons que la France ait un millier d'années. C'est à peu près ce que nous pouvons considérer.

YT : Est-ce que vous regrettez, ou est-ce que vous approuvez le fait qu'en 2005, quand il a été question de la Constitution européenne, Jacques Chirac, président de la France à l'époque, ait dit qu'il ne fallait pas inscrire les racines chrétiennes de l'Europe dans le préambule de la Constitution européenne ?
MW : Vous m'entraînez sur un autre sujet.

YT : Oui, mais cela nous ramène à Clovis, aussi, d'une certaine façon.
MW : Dire que l'Europe n'a pas de liens historiques avec le christianisme, ça n'a pas de sens. Dire, d'un autre côté, que l'Europe est une pure fabrication du christianisme antique, là, on discute, parce que nous avons d'autres influences dans la construction des États, des nations européennes et des langues européennes. Nous avons évidemment la grande civilisation grecque, la grande civilisation romaine.

YT : Bien sûr.
MW : Nous avons les apports qui sont venus du Nord, qui n'étaient pas chrétiens, nous avons les apports qui sont venus du Midi, qui étaient musulmans. Si on faisait

de l'Europe seulement un fils ou une fille du christianisme, ou du judéo-christianisme, ce serait quelque peu réducteur.

YT : Réducteur ?
MW : D'un côté, ne pas le nier car nous sommes tributaires de cette histoire religieuse chrétienne, judéo-chrétienne, et d'un autre côté, ne pas vouloir réduire absolument notre être, l'ontologie de l'Europe, à un legs religieux chrétien.

YT : Vous avez écrit un très beau livre qui s'intitule *Jours anciens*, qui raconte votre jeunesse. Dans ce livre, vous dites à propos de De Gaulle, puisqu'on parle de lui : « De Gaulle est un rebelle habité par l'histoire. » Qu'est-ce que cela veut dire ?
MW : Cela veut dire que dans certaines données dramatiques… 1940…

YT : Oui.
MW : Voilà l'homme, colonel, qui devient brièvement, provisoirement, officiel général de brigade, donc qui est tout petit dans la hiérarchie du commandement, et qui observe que Weygand, Pétain, les officiers de l'armée française, n'ont pas fait ce qu'il fallait pour défendre la France à tout prix, quitte à lâcher le territoire pour aller se battre en Afrique du Nord. D'abord en Bretagne, ensuite en Afrique du Nord. Avant même d'avoir été vaincus, ils demandent l'armistice. Il y a un célèbre discours du maréchal Pétain qui, avant même la signature de l'armistice, demande aux soldats de baisser leurs armes.

YT : Oui.

MW : Ce n'est pas possible pour de Gaulle, donc il se rebelle. Il est un rebelle parce que élevé, je dirais, dans la discipline d'une école qui s'appelle l'école Saint-Cyr, dans une famille qui est orthodoxe, qui est rigoureuse, qui obéit aux lois, à la hiérarchie militaire, il ose, lui, le jeune général, dire : « Non, la guerre n'est pas finie. » C'est un rebelle qui fait cela. S'il le fait, c'est qu'il est habité par l'histoire. Le général de Gaulle est un homme qui a, dans sa tête, une certaine idée de la France, et cette idée de la France, est fondée sur l'histoire. Une histoire sans doute très légendaire, mais qui est un stimulant. Vous savez, l'écrivain Romain Gary, qui fut un gaulliste de la première heure – dès 1940 il est gaulliste –, a parlé de cette formule « une certaine idée de la France ». Il disait : « Nous, les combattants de la France libre, nous savions que ce n'était pas vrai, c'est une France mythique, oui, mais c'était notre pain quotidien. C'est parce que nous croyions qu'il y avait au-dessus de nous une certaine idée de la France que nous voulions y ressembler, que nous voulions y tendre et que ça a été un mythe, un mythe combatif. »

YT : Justement, il faut toujours qu'il y ait un homme fort ? On parle de Louis XIV, Napoléon Bonaparte, de Gaulle… Il faut qu'elle soit incarnée par un homme puissant, cette France-là ? Il ne peut pas en être autrement ?
MW : Je voudrais dire d'abord que ce n'est pas une exclusivité de la France.

YT : D'accord.
MW : Mais il est vrai qu'en France, il y a quelque chose d'un peu particulier. C'est la division extrême des Français.

On cite César, n'est-ce pas, et les légions gauloises avec leur grande discipline. Les Français d'aujourd'hui ne sont pas des Gaulois, mais les Français depuis la Révolution, disons, n'ont cessé de montrer leur extrême division. Une division aussi bien sociale, économique, mais aussi spirituelle, religieuse, idéologique, régionale... C'est un peuple extrêmement divisé, peut-être parce qu'il y a eu d'abord un grand État, une administration formidable qui n'a pas laissé véritablement aux Français la responsabilité de s'organiser eux-mêmes en associations, en partis politiques...

YT : Contrairement à ce que dit de Gaulle. « Les Français sont responsables de la France », mais non. C'est ce que vous dites.
MW : Ils ne le sont pas dans la mesure où ils n'ont pas su véritablement créer, comme en Angleterre ou ailleurs, de véritables groupes de défense, d'identités, etc. Aujourd'hui, ça change quelque peu, car nous avons quand même, depuis une vingtaine d'années, une multiplication d'associations, peut-être en passe de remplacer les partis défaillants, peut-être. Mais c'est assez nouveau.

YT : Les partis défaillants ? C'est-à-dire ?
MW : Le gouvernement.

YT : Nos politiques ?
MW : Les hommes politiques. Les partis de gauche, les partis de droite. Beaucoup d'observateurs étrangers ont remarqué cette difficulté des Français à s'allier en petits groupes. Pourquoi ? Une des raisons, peut-être, une hypothèse : c'est que la structure économique française a été

pendant des siècles la structure de la petite propriété agraire. Les Français les plus nombreux étaient de petits propriétaires pauvres, mais indépendants et résolus à défendre leur carré…

YT : Leur lopin de terre.
MW : Et cela n'encourageait pas véritablement les associations, les partis, chacun visant à gagner un peu plus de terres. Cette observation avait été faite dès le XVIII siècle, avant la Révolution, par l'Anglais Arthur Young, qui se baladait à travers la France, qui était sidéré de voir la petitesse des propriétés, l'autarcie, autrement dit. Vous voyez, je crois comprendre que cette mentalité-là s'est perpétuée.

YT : C'est un handicap ?
MW : Oui et non. C'est un handicap du point de vue économique. Le géographe François George, qui était communiste, écrivait dans les années 1950, dans un des grands livres qu'il a faits avec Alfred Sauvy, que les retards de la France étaient dus à sa structure agraire. Pour ce qui est de l'avantage, je dirais un esprit individualiste pour le meilleur et pour le pire, c'est-à-dire un « quant à soi », une défense, un sentiment de défense par rapport au groupe, par rapport aux autorités abusives. À mon avis, cela alimente un peuple de protestataires à cause d'un État tout-puissant qui ne peut pas tout faire, mais qui réglemente tout.

YT : Il y a un morcellement de la société.
MW : Absolument. Vous avez, dans un roman de Gustave Flaubert, *L'Éducation sentimentale*, un individu qui s'appelle Regimbart.

YT : Oui.
MW : Comme son nom l'indique, il regimbe du matin au soir. Il va dans les bistrots, il proteste, et c'est toujours contre le gouvernement. Je crains que la France ne soit habitée par beaucoup, beaucoup de Regimbart. Au fond, d'une manière moins imagée, je dirais que je pense que les Français sont des frondeurs beaucoup plus que des citoyens, beaucoup plus que des démocrates. Fronder, ils en ont le génie sous toutes les espèces. S'exclamer, protester, dénoncer…

YT : Vous êtes en train de nous expliquer le phénomène des Gilets jaunes, d'une certaine façon.
MW : Exactement. En fait, le citoyen qui a des responsabilités, c'est-à-dire celui qui a des devoirs, et pas seulement des droits, et qui doit accepter certains sacrifices au nom de la solidarité, qui doit voter régulièrement, les Français ne sont pas vraiment doués pour cela. En revanche, protester…

YT : Ils savent faire.
MW : C'est leur affaire.

YT : De Gaulle parlait de la singularité de la France. Je crois que vous dites que, au contraire, la France a un peu été vassalisée par les États-Unis ?
MW : Si on abandonne le problème culturel, on peut dire que la France a une grande culture qui est aujourd'hui parasitée, sapée, par la culture américaine.

YT : Oui.

MW : C'est évident. Quand on voit la musique, il y a cinquante ans, on avait une variété française d'une originalité incroyable.

YT : Vous pensez à Édith Piaf, à Charles Trenet, Georges Brassens, Léo Ferré, Jean Ferrat...
MW : Je ne veux pas insulter les artistes d'aujourd'hui, mais je n'entends pas cette efflorescence de beauté, de poésie, de drôlerie. Je ne l'entends plus. En revanche, tous les matins, si j'ouvre la radio, j'ai un rap américain, j'ai je ne sais quoi. Là, il y a évidemment un danger.

YT : Je vais vous faire écouter, justement, un extrait d'une chanson qui est très célèbre et qui rappelle justement ce passé que vous évoquez.
Douce France, Charles Trenet.

> *« Douce France*
> *Cher pays de mon enfance*
> *Bercée de tendre insouciance*
> *Je t'ai gardée dans mon cœur*[1]. »

Alors, à dessein, je vous ai fait écouter cette chanson, parce que vous l'avez souvent écrit : vous n'êtes pas dans la nostalgie, alors que c'est à la mode, et vous n'êtes pas dans le « c'était mieux avant ». Me trompe-je ?
MW : Ah oui.

YT : Je ne me trompe pas ?

---

1. © Salabert.

MW : Non. C'était mieux avant dans certains domaines. Je peux vous le confier, c'était mieux avant pour la variété française.

YT : On a compris que vous préfériez Charles Trenet à d'autres.
MW : Je refuse néanmoins l'attitude geignarde qui consiste à penser que tout va plus mal. Certainement pas.

YT : Ce n'est pas vrai ?
MW : Je ne le dirai jamais, on ne me le fera jamais dire. Pourquoi ? Je vais prendre un domaine tout simple : celui de la médecine et de la chirurgie.

YT : Oui.
MW : En 1944, j'ai perdu mon frère aîné à cause de la tuberculose, il avait 23 ans. Un an après, j'ai perdu mon père, décédé à 49 ans. Mon frère mort à 23 ans, mon père à 49 ans. S'ils avaient vécu vingt ans, trente ans après, ou aujourd'hui, *a fortiori*, ils ne seraient pas morts. Combien de vies ont été sauvées par la pénicilline, mais aussi par les progrès en tous ordres, de la chirurgie, de la vaccination ? Pour toutes ces raisons, les espérances de vie des hommes et des femmes ont sérieusement augmenté.

YT : Bien sûr.
MW : Si vous vous arrêtez à cela, à ce simple critère, vous dites : « Comment peut-on dire que c'était mieux avant ? » J'ai voulu, si vous voulez, toujours être, quels qu'en soient les risques, un contemporain.

YT : Oui.
MW : « Vivre avec ».

YT : Vivre avec votre époque.
MW : Je dis « quels qu'en soient les risques », parce que vivre aujourd'hui...

YT : Quels sont les risques ?
MW : Je dirais la vulgarité culturelle. C'est l'une des choses qui me dérange beaucoup. Alors, aujourd'hui, évidemment, on peut simplifier les choses en s'enfermant dans une bibliothèque, en allant choisir ses films au cinéma, les concerts de musique qui vous plaisent... On est libres. On reste des hommes libres. Je ne peux pas dire que j'en souffre. Ce que je regrette un peu, c'est de ne pas me sentir, pour le coup, véritablement contemporain de cette création.

YT : Qui est un peu vulgaire pour vous ?
MW : Oui.

YT : Vous avez été, en 2016, je crois, missionné par le président de l'Assemblée nationale de l'époque, M. Bartolone, pour lui écrire, lui soumettre des idées sur l'évolution de nos institutions. Que faut-il changer dans notre constitution pour que cela marche mieux ?
MW : Nous avons travaillé pendant un an et demi. Il en a été tiré un rapport très gros, et de ce rapport, nous avons rédigé un résumé : « Reformer la démocratie : 17 propositions. » Ces 17 propositions allaient dans les sens suivants. D'abord, améliorer la représentation des élus, étant donné la disproportion socio-économique qu'il y a entre les députés.

Ensuite, augmenter la participation aux décisions. Personnellement, je me fiais à une réflexion du philosophe Paul Ricœur qui disait que l'on attribue un rang à une démocratie, selon le nombre des citoyens qui participent à la décision. Or, tout se passe aujourd'hui encore ainsi : la majorité de nos lois, de nos décrets, tout vient de la présidence.

YT : C'est trop vertical, encore ?
MW : Évidemment.

*

YT : Michel Winock, avant de nous quitter, je voudrais vous soumettre à un petit questionnaire de Proust. Je vous ai demandé de choisir un tableau qui, pour vous, pouvait symboliser la France. Vous avez choisi Auguste Renoir, *Le déjeuner des canotiers*.
MW : Je l'ai choisi en compensation de toute la gravité précédente de mon discours.

YT : D'accord.
MW : Il y a un savoir-vivre français, une gaieté française. « On se réunit dans une guinguette au bord de l'eau. »

YT : À Chatou, oui.
MW : Oui. Là, entre amis, entre connaissances, on boit, on mange, on s'amuse, on flirte. On est élégant. Il y a une élégance semi-populaire, semi-bourgeoise. C'est un peu mélangé. Je ne vois pas ce tableau dans un autre pays.

YT : Quel est le personnage historique qui incarne la France, selon vous ?
MW : Pour moi, il y en a deux au XXe siècle : il s'agit du général de Gaulle et de Georges Clemenceau. J'ai retenu Clemenceau parce qu'il est moins légendaire, plus proche de nous.

YT : D'accord. Un auteur, un écrivain ?
MW : Honoré de Balzac, en raison de son œuvre gigantesque.

YT : *La Comédie humaine.*
MW : Il y a toujours une intrigue dans ses romans, mais en même temps, à travers l'intrigue et les personnages, on découvre toute une France nouvelle qui, au lendemain de la Révolution, est en train de s'organiser, de s'urbaniser, de s'industrialiser. Tout cela, il le fait avec un art absolument extraordinaire.

YT : *La Comédie humaine*, la meilleure œuvre.
MW : La meilleure lecture, la meilleure œuvre, pour Karl Marx. Balzac est devenu de plus en plus réactionnaire. Malgré cela, Marx, un prophète du socialisme, a trouvé dans Balzac ce qui illustrait parfaitement toutes ses thèses sur la lutte des classes, etc.

YT : Merci, Michel Winock. Merci beaucoup.
MW : Merci bien.

Table

Remerciements

Ce livre n'aurait pas été possible sans les douze personnalités qui ont accepté de répondre à mes questions. Je remercie donc vivement Eugénie Bastié, David Djaïz, Alain Finkielkraut, Franz-Olivier Giesbert, Yves de Gaulle, Jacques Julliard, Rachel Khan, Gaspard Kœnig, Arlette Laguiller, Catherine Nay, Abnousse Shalmani et Michel Winock pour leur disponibilité et leur confiance.

Je remercie Bertrand Delais, le président-directeur général de *La Chaîne parlementaire* – Assemblée nationale, qui a accepté de m'accueillir sur son antenne pour la réalisation et la diffusion de ces grands entretiens. Guilaine Chenu a été d'un conseil et d'un soutien précieux, tout comme Charlotte Épale, véritable cheville ouvrière dans les coulisses de ces émissions. Je n'oublie pas François Goetghebeur, réalisateur de grand talent, et Samuel Boyer.

Je remercie les éditions du Rocher et notamment Julie Daniel, qui a eu l'idée de ce livre.

Je remercie *Le Figaro*, et son directeur de la rédaction, Alexis Brézet.

Je remercie mon confrère et ami Michaël Szames.

Je remercie Diane Levy pour sa patience.